女孩自我保护手册

一位心理咨询师的工作手记

曾丽华 著

女孩,这个世界很精彩,但同时也充满了危险,而你的安全,需要你自己负责。
女孩,学习自我保护的能力,让自己变强大,将使你受益终身。

当代世界出版社
THE CONTEMPORARY WORLD PRESS

图书在版编目 (CIP) 数据

女孩自我保护手册：一位心理咨询师的工作手记 / 曾丽华著 . — 北京：当代世界出版社，2017.12
　ISBN 978-7-5090-1290-1

Ⅰ . ①女… Ⅱ . ①曾… Ⅲ . ①女性—自我保护—手册 Ⅳ . ① C913.68-62

中国版本图书馆 CIP 数据核字 (2017) 第 278827 号

书　　名	女孩自我保护手册：一位心理咨询师的工作手记
出版发行	当代世界出版社
地　　址	北京市复兴路 4 号（100860）
网　　址	http://www.worldpress.org.cn
编务电话	（010）83907332
发行电话	（010）83908409
	（010）83908455
	（010）83908377
	（010）83908423（邮购）
	（010）83908410（传真）
经　　销	全国新华书店
印　　刷	三河市兴国印务有限公司
开　　本	880 毫米 ×1230 毫米　1/32
印　　张	8
字　　数	160 千字
版　　次	2018 年 1 月第 1 版
印　　次	2018 年 1 月第 1 次
书　　号	ISBN 978-7-5090-1290-1
定　　价	38.00 元

如发现印装质量问题，请与承印厂联系调换。
版权所有，翻印必究，未经许可，不得转载！

推荐序 PREFACE

一篇《对〈珍爱生命——小学生性教育健康读本〉引发讨论的回应》引起热议。正如《回应》一文中提到的，"在中国，长期以来'性'都是一个禁忌话题，直到现在，很多家庭里父母跟孩子谈性仍然觉得难以启齿，学校里更难得开设性教育课程。但我们必须注意到，媒体中有大量性信息，其中一些信息是不准确、对孩子有误导的。在家庭性教育缺失，学校性教育缺位的情况下，儿童性发展的需求、性教育的需求被大大忽视了。"

2011年，国务院发布的《中国儿童发展纲要（2011—2020年）》中明确提出"把性与生殖健康教育纳入义务教育课程体系"。但实际情况是很多学校和家庭都缺乏性教育，学生获得性知识的途径可能是网络、媒体或同伴等。这样获得的性知识缺乏科学性和系统性，从而导致青少年因性无知发生非意愿怀孕、人工流产、遭遇性侵等悲剧时有发生。

本书是作者根据自己从2003年以来，在广东省工业高级技工学校和韶关市妇女维权站以及韶关市青少年宫从事心理咨询接触到的个案，特别是一些年幼的女童，由于缺乏性教育及自我保护意识，遭遇性侵或发生不安全的性行为导致非意愿怀孕及人工流产的案例为基础撰写而成。

这本书，一方面针对遭遇性伤害的女性，就如何帮助她们走出心理阴影，重获幸福的人生，从性知识理论、心理辅导、心理调适等方面提供了有效的方法和途径。

另一方面，该书引发了对青春期男孩性教育的思考。发生青少年性侵案件，不仅仅伤害了女孩，对男孩及其家庭也是一种伤害，因此，该书也启发我们对青春期男孩可能遇到的性困惑进行研究和分析；提出对男孩进行性伦理、性道德的教育，避免男孩性侵女孩，特别是与14岁以下幼女恋爱发生性关系的事件。

同时，这本书对心理咨询师、社会工作者、家长开展性心理咨询、性教育起着指导作用，并希望引起社会关注和重视性心理健康教育，促使孩子们的生活变得更加美好。

一直以来，无论是学校还是家庭，性教育往往是人们不敢正常面对的话题。我相信这本手记能帮助家长、性教育工作者、心理咨询师和青春期的少男少女掌握必要的性知识和自我保护的方法，能够更加有效地帮助女性预防性伤害、走出性创伤的心理阴影。

我相信，通过这些真实的案例，能让更多人关注并投入到性教育的工作中，促使家庭特别是留守儿童的家庭，重视女童的自我保护；促使学校和社会成为性教育的倡导者和执行者，因为这是家庭、学校和社会共同的责任！

广东省工业高级技工学校校长　张廷彩

2017 年 10 月

前言 FOREWORD

不要抱怨,我们是被上帝选中的人

对于受到性暴力伤害的女性如何走出困惑获得新生,我认为最重要的,是要换一种角度思考人生的意义和使命。认知心理疗法认为,一件事情的意义,取决于你如何看待它。对于已经发生的创伤,当你觉得它是伤害的时候,它带来的就是痛苦;当你学着接纳它的时候,你就可以获得解脱。

人生就像玩扑克牌,你不能选择发给你的牌,但怎么打这副牌却由你掌握。面对曾经的伤害,一味地自怨自艾没有任何意义,只有放下抱怨,坦然面对,才能战胜它们,让它们成为自己的精神财富。当有一天,你可以微笑面对它的时候,你会感谢所有的遭遇和经历。

有一种说法,"造物者为了让一些人能够承担更多的责任,于是给了他们更多的磨难。"在人们不了解这种说法时,遭遇磨难会感到非常痛苦,难以承受;而当他们发现这些痛苦和磨难有着特别的人生意义的时候,就会释然。明白了这个道理,你就会看淡生命中所发生的不幸遭遇。因此,如果你经历了很多磨难,或者正在经受磨难,那么不要悲伤和退缩,要勇敢地告诉自己:这是老天在芸芸众生中选择了我,要让我成为与众不同的人,让我承担更多的责任,成就特别的人生意义。

在人生的舞台上,我们每个人都承担着不同的角色,因为角色不同,承担的责任也有所不同。那些承担更大责任的人,都是经历过别人所不能承受的挫折和磨难的人,他们就像战场上的勇士,在屡败屡战后变得坚强无比。有了能力和力量的他们,将会在社会中承担更大的责任,拥有别人难以企及的成功和更大的人生意义。因此,对于曾经遭受性暴力伤害的人来说,如果他们能认识到,也许他们都是上帝精心挑选出来的人,是为了造就他们,让他们承担更多的社会责任,那么他们也许就能够战胜这些痛苦,寻找到他们的人生意义和价值。

作为多年从事心理咨询工作的我,在工作和生活中接触了很多遭遇性侵的女性。这些人中,既有素昧平生的求助者,也有我的朋友、亲人和同事,听着她们痛彻心扉的倾诉,我感同身受。

我年幼时,也曾经有过类似的痛苦经历。因为我遭受性骚扰时年纪很小,所以这给我造成了很大的精神伤害:年少时,我不敢和他人交往;恋爱的时候,我不敢向自己喜欢的男孩表白;结婚之后,由于婚前我主动告诉了丈夫我幼年的经历,虽然婚前他承诺好好爱我，但婚后处女情结和贞操观还是让他无法接受我，因此经常对我实施家暴。我曾经想为了家的完整忍受下去，可是随着他对我家暴的升级，我实在无法忍受这种身体的折磨和精神的摧残，最终选择了放手。于是，我们的婚姻解体。

刚离婚那段时间，我感到一种解脱，但同时也非常痛苦。毕竟那是我的初恋。我曾经那么爱他，也对婚姻充满了渴望和信心，但最终我们却以离婚结束了这段感情。在两年的时间里，我每天以泪洗面，无法触碰和回忆曾经的一切。我将全部的精力用于照顾孩子、看书、学习、拼命地工作。我咬紧牙关告诫自己：虽然经历了不幸，但我一定会过得越来越好，我要做自己命运的主人！

2000年，我去美国夏威夷学习，视野得到开阔，人也变得更加包容。我开始理解前夫，并接纳离婚的事实。2001年，我开始接触心理学，并考取了国家二级心理咨询师和高级婚姻家庭指导师资格。此后，通过不断地学习和自我成长，我终于成功地疗愈了自己。当我走出过去的阴影时，不但拯救了自己，还用自己的亲身经历和感受，在中小学、技工院校、大学以及妇女维权站、少年宫等机构，以心理咨询师志愿者和心理专家的身份，帮助了那些与我有类似经历的人。

没有什么事情是绝对的，任何事物都具有两面性，一面是好的，一面是坏的。因此，当你怀着积极的心态去对待，坏的一面就会被好的一面覆盖，让你成为最好的自己。随着接触的案例增多，我不仅更加懂得性教育的意义，也更加了解那些受到性侵害的人，也因此成为擅长诊疗性暴力和性教育的心理咨询师。

在我以心理咨询师的身份帮助她们时，也能很好地觉察自己。我刚开始遇到跟我有相同经历的求助者时，也会产生一些不良情绪。但随着咨询个案的增加和专业知识的增长，我清楚地知道哪些是自己过去伤害的反应，哪些是求助者的经历给我造成的反应。正是这种"同病相怜"的觉察，让我成功地帮助了那些有类似经历的女性。

很多求助者在经过诊疗后，重拾对生活的信心，并拥有了美满的爱情。最值得一提的是，通过心理疗愈，她们不再抱怨命运对自己的不公，而是以积极的心态接纳和爱惜自己，不但重新获得信心，生活也变得充满生机、丰富多彩起来。而在此之前，她们常常因过于在乎别人的观点和感受，而忽视自己的需要和愿望，从而失掉了自己的快乐！

当她们开始接纳和爱自己的时候，就敢于发出自己的声音，告诉别人自己需要什么；当她们开始接纳过去那段痛苦经历的时候，就接纳了一个完整的自己；当她们学会爱惜自己、懂得做自己生命的主人时，她们学会了选择，将每一天都过得充实而有意义，也因此更加爱惜家庭和孩子，让自己的人生绽放光彩！

我告诉她们，要感恩生命中的一切，即使有挫折和不幸，也是上天赐给我们最好的礼物和财富，接纳它才能成为一个完整的自己。爱自己，既要爱自己成熟时的美丽，也要爱自己的不完美。

"灾祸孕育智慧，苦难磨炼人品。"上天在赐予我们智慧的同时，也会赐予我们等量的磨难。只有在磨难中，我们的智慧才能焕发出璀璨夺目的光彩。

上帝让我们承受一定的痛苦，是为了给予我们更大的责任和担当。因为只有与众不同的苦难和经历，才能造就我们与别人不一样的人生。当我们从生活的阴暗面走出来时，我们才会珍惜照耀在身上的阳光，并且无私地帮助他人，这会让我们的人生更丰富、更有意义！

人生如蚌，蚌病生珠。一个人经历多少磨难和痛苦，就会得到多少成功。比如，拥有自闭症儿子的母亲，创办了一所自闭症孩子的幼儿园，因为她更懂得照顾和帮助自闭症孩子。

我们要懂得，生活给予的痛苦和悲伤，是有着特殊的意义的。当你明白了这些，就会将痛苦和伤害化为特殊使命，鼓舞着自己去拼搏、去前进！人生正因为有了不一样的痛苦和经历，才造就了不一样的你。

多年来，我给中小学生、家长、老师讲解性心理健康、性暴力疗愈、婚姻指导等很多课程。在帮助别人的同时，我也实现了蜕变和自我升华，并成为这一领域的佼佼者。可以这样说，性暴力曾经伤害了我，但最终又成就了我。

请相信，往昔你经历的一切，无论多苦多痛，都是为了让你学会自愈和成长，最终成为最好的自己、独一无二的自己！

曾丽华

2017 年 11 月

目录 CONTENTS

ONE 女孩，你的安全需要自己负责

第一节　面对"骚扰"，女孩要勇敢说"不" / 002
第二节　从我做起，减少受伤害的概率 / 007
第三节　遭遇骚扰后产生的心理问题 / 013
第四节　性侵时有发生，牢记防范措施 / 017

TWO 警惕身边的危险，及时进行心理诊疗

第一节　潜伏在身边的"危险" / 026
第二节　增强防范意识，远离"暧昧"的事发地 / 033
第三节　珍视生命，积极克服心理障碍 / 039
第四节　运用正确的心理疗法，改善精神状态 / 044
第五节　危机干预，选用合适的矫正方法 / 050

THREE 要正视自己：我依然是一个值得爱的好女孩

第一节　伤害，心灵不能承受之重 / 060

第二节　自我治疗，宽容自己 / 063

第三节　在爱的港湾里寻求理解 / 068

第四节　不容忽视的校园性侵 / 071

第五节　给受害人更宽容的社会环境 / 078

FOUR 重视性教育：让花蕾健康绚烂地绽放

第一节　学龄前，让孩子拒绝他人触摸其隐私部位 / 087

第二节　小学时期，教孩子识别性侵信号和自我保护 / 090

第三节　初中时期，让孩子知道避孕常识 / 095

第四节　高中时期，让孩子懂得"爱" / 108

第五节　少女初潮，麻烦背后的快乐与忧愁 / 117

第六节　保护女孩，从帮助男孩管理性能量开始 / 123

第七节　掌握原则，科学地对子女进行性教育 / 133

FIVE 勇敢地去爱：爱上别人前先爱上自己

第一节　接纳自己，你依然是完美的女人 / 140

第二节　摆正心态，方能拥有成熟的爱情 / 145

第三节　积极的心理辅导有助走出心理阴影 / 153

第四节　因为被伤害而反感异性 / 161

SIX 智慧经营：收获和谐美满的婚姻

第一节 包容、理解丈夫，和他一起成长 / 166

第二节 理性沟通，远离家庭暴力 / 174

第三节 不断完善自己，才能拥有高质量的婚姻 / 177

SEVEN 走出自设的牢笼，迈进幸福和快乐的新天地

第一节 遭遇骚扰后的心理调适：做情绪的主人 / 188

第二节 加强预防性侵害及受伤害后的心理治疗 / 194

第三节 及时进行心理危机干预 / 202

第四节 自我治疗，让精神境界升华 / 210

第五节 心理治疗越早，受到的伤害就越小 / 219

第六节 做独一无二的自己，活出精彩的人生 / 225

第一章 女孩，你的安全需要自己负责

女人是柔弱的，但面对性骚扰，不能沉默。因为沉默，会使性骚扰者更加有恃无恐。你要明白，不管什么时候，你的安全都需要自己负责。实际上，只要女孩提高自我保护意识，及时采取措施，性骚扰是可以及时制止的。这需要我们多了解性暴力防范知识，越早知道这些知识受益越早。

第一节　面对"骚扰",女孩要勇敢说"不"

随着社会的进步,女性参加社会活动的机会越来越多,作用也越来越大。然而,由于两性的社会地位和角色不同,女性始终处于劣势。一些善于伪装的色魔,想尽一切办法接近女性,轻则对女性进行言语、肢体的骚扰,重则猥亵,侵犯女性的身体,给女性带来身心的严重伤害。

大部分女性在面对性骚扰时,常常出于各种无法言说的顾虑不敢反抗,默默地隐忍。殊不知,你的隐忍不但不会让对方停止侵犯的黑手,反而会让他们觉得你懦弱好欺负,对你的侵犯会变本加厉。所以,你最正确的做法是想出各种方法,对这种行为勇敢地说"不"。

在心理学上,性骚扰主要分为以下六种类型:

1. 补偿型性骚扰

所谓补偿型性骚扰,主要是由性压抑导致的性冲动,让男性对女性做出非礼的举动。他们骚扰女性的目的是想在女性这里占一点儿便宜,或者发泄性压力。大多数性骚扰者属于这种类型。

2. 游戏型性骚扰

这类人大多是性经验丰富的人,他们视女性为玩物,不尊重女性,怀着游戏心态非礼女性。其骚扰的目的既是为了猎奇,也是为了证明自己的魅力。

3. 权力型性骚扰

权力型性骚扰主要发生在职场中,是一些人品恶劣的上司所为,他们大都受过高等教育,阅历丰富,所以,其表现会比一般游戏者更"高级"。因为存在利益关系,他们把女性视为"消费品",甚至认为对方也喜欢这样。

某女科长离婚后,在和其上司局长单独相处时,经常被拉进办公室里屋遭到强行抚摸胸部和被迫接吻。虽然她内心很反感,但担心说出来后别人非议自己,而且他人也不一定相信自己说的。毕竟上司是单位的一把手,所以她只好默默承受,不敢因此得罪局长。

---

4. 攻击型性骚扰

此类男性带着一种报复心理。他们有过和女性不愉快的经历,导致对所有的女性都怀恨在心,其行为具有蓄意伤害或攻击性,为了平衡自己的情绪甚至会做出极端的事情。

某男初恋时,由于女友遭遇其他男性的性骚扰,为了保护女友,他因过失杀人获刑入狱。女友曾信誓旦旦地承诺等他出来,谁知他出狱后,女友已经成为他人的妻子。之后,有人给他介绍对象,他虽然不是很喜欢对方,还是答应了,但却在几次约会后,强奸了新女友。他说因为前女友的伤害,他要报复女人。

5. 露阴型性骚扰

如窥淫癖、露阴癖等,这些行为给女性带来不舒服的感觉,笔者认为此类也属于性骚扰。

某女读初中时一次骑自行车回家途中,一名男子总低头看他下身,她也顺着男人的目光看过去,于是看到男子裸露在外勃起的阴茎。那男子则奸笑着对着女生手淫。

6. 冲动型性骚扰

冲动型性骚扰的男性主要是青春期的男孩,他们因为年轻,对女性好奇,加之自制力差,所以对女性的骚扰多半缘于性冲动。冲动型性骚扰大多是以游戏和玩笑开始,并伴随着身体的接触,男性一般没有蓄意的伤害意识。

不管怎么说,性骚扰就是在他人不愿意的情况下,进行的带有性侵犯的行为。性骚扰在心理层面的分辨比较困难,主要是以行为为主。

一次我乘坐公交车,一个20岁左右的男生刻意挤到我身后,从我的背后对着我上下移动他的身体。我吓得赶紧移到售票员身边,那个男子才不敢靠近我。之后,他走到另一个瘦小的女生背后,双手拉着公交车的拉手,把那个女生紧紧包裹在怀里,对着那个女生上下蠕动身体。那个女生吓得缩成一团,车上人不多,他做那个动作,一车人看得非常清楚,却没有一个人站出来指责他的不良行为,直到他下车离开。

在现实生活中,关于性骚扰的新闻常常出现。对于性骚扰,不管是在公众场合,还是在独处的时候,我们都要勇敢地说"不",而不是阻止对自己的这一次骚扰就算了。当我们勇敢说"不"时,会让性骚扰者得到应有的惩罚,这样才不会有下一个受害者。

但有时在公交车上,如果对方碰了你的胸,并且是好几次,而此时公交车不稳定,左右摇晃,你就要分辨是正常的行为,还是性骚扰行为,否则容易引发不必要的误会。毕竟,在公交车等公共场合,彼此接触几次也是很正常的,但如果是人为的摸大腿、摸臀部、摸胸部则为性骚扰。

我们在识别性骚扰时,还要区分性骚扰、猥亵、强奸几个概念（见图1-1）。

图1-1 性骚扰、猥亵、强奸的区别

1. 性骚扰

性骚扰是以性欲为出发点，带着性暗示的言语或动作引起对方的不悦感。

2. 猥亵

猥亵是指没有实质的行动，但已经碰了女性不该碰的部位，是以性交以外的方式实施的淫秽行为，比性骚扰的程度重。如果是对年幼孩子的性骚扰，即在对象不明了意图的情况下，也被视为猥亵。

3. 强奸

强奸，是指违背被害人的意愿，使用暴力、威胁或伤害等手段，强迫被害人进行性行为。

在法律上，三者的主要区别是：强奸属于法律范畴，是严重的犯罪，而猥亵和性骚扰属于管理条例范畴，有轻重之分。它们的严重程度呈递进关系：性骚扰＜猥亵＜强奸。

在我国，由于性教育匮乏，导致很多女性，特别是年纪小的女孩，因无意识被强暴。她们在遭遇性骚扰和侵害时，往往不知所措，不敢与家长沟通，即便沟通了，多数家长还是会选择沉默。这非常不利于孩子的成长，因此，家长要主动对孩子进行性教育。

第二节 从我做起，减少受伤害的概率

我们要明白，"色狼"不是盲目的，而是有选择性的。有的女孩遭遇性骚扰次数非常之多，而有的女孩一生都不会有性骚扰的经历。这其中有什么规律吗？答案是肯定的。一般来说，下面这几种女孩容易受到伤害。

1. 年龄小，经验少的女孩

这类女孩大多是未成年人，由于涉世未深，比较单纯，缺乏社会经验，不懂得自我保护，缺少防备之心，常成为被侵犯的对象。她们受到伤害后，很多甚至不知道是怎么回事儿。

一个女生初中毕业后，母亲对她进行性教育。这时，她告诉母亲，大概在她三四岁时，有一天，她和一个女孩在母亲工作单位附近玩耍，母亲的一个男同事走过来给她糖吃，并把她单独叫

到一个僻静处，摸了她身体的隐私部位，还叫她第二天再去。那时她年龄太小，第二天忘记了这件事，而且也不知道要告诉妈妈。因为她不知道那个男的对她做了什么，直到母亲对她进行性教育时，她才回忆起发生过这样一件事。

---

2. 长相好，身材好的女孩

这类女孩长相出众，身材好，会让男性瞬间产生歹意。

一个女生，长得非常漂亮，小学六年级时，身材已经很好。她经常被舞蹈老师公开亲吻，跳舞时还把手伸进她的内裤摸她。虽然她不喜欢被老师亲吻和摸，但她不知道应该怎么办，也没有告诉父母。

---

3. 穿着性感、暴露的女孩

女性衣着暴露会激发男性不安分的心理，女性的肌肤对色狼有很强的诱惑性。在公众场合，打扮花哨前卫的女人，男性会觉得她们性格泼辣而怕她们。如果是在非公众场合，比如在只有两个人的房间里，超短的裙子或者领口超低，一不小心就走光，这时候就会引来男性的性冲动。

虽然我们说穿戴是个人的喜好，但如果掌握不好尺度就会增加遭遇性骚扰的风险。美国的莎伦·麦克维尔博士在《如何让女孩不被性伤害,如何让男孩不被性教坏——保护孩子的最佳方式,就是抢先和他们谈性》一书中写道:"一个人的穿着不仅是个人的自由权力和风格展示,也是在不同的场合中表现得体的一种生命责任的体现。"她用性感指数这个词来表示衣着引起的性感程度。如果性感指数是从 1 到 10,那么上课时的性感指数为 2 至 3,如果上课时穿露脐装或暴露的衣服,性感指数就会超过 3。而海滩上的性感指数可以到 8 或者 9,所以在海滩上穿比基尼也是合适的。因此,书中指出,在某些场合穿着性感指数是 8 或 9 是不安全的。比如夜里乘公交或地铁去城里必须把性感指数降低到 0 或 2 以下。莎伦·麦克维尔博士认为,要让孩子在性方面安全、对性负责,就要弄清楚性感程度是否能达到安全、得体、适合自己的目的。

如果不想和某人发生性关系,却只穿着内衣睡在他/她身旁,自然是不合适的,过高的性感指数会带来危险。所以,女孩若缺乏这种意识,就会有被袭击或强暴的危险;男性也可能误解对方的意图,做出违背女性意愿的事情。这就是衣着言谈对性的影响。

这本书还讲到,女孩不要认为每个人都可以控制住自己的欲望,不要以为无论怎样穿着都是安全的。事实上这个社会总有一些人无法控制他们的性欲望,在某些情况下,增加性感指数就会增加遭遇不测的危险。所以,在派对或者舞会上如何穿着,以及在网络上如何展示自己,都需要把握一定的度,注意性感指数。

有一个女大学生,经常遭遇马路求爱者。那时很流行跳舞,

她喜欢跳舞，经常遭到陌生男舞伴的性骚扰，她很困惑。经过了解，她得知是因为自己长期穿紧身、性感的衣服出现在舞会，增加了自己遭遇性骚扰的危险。此后，她不再穿那样的衣服，性骚扰也减少了。

男人是视觉动物，某些人一看到穿着性感的女人就会心怀不轨。我给女生讲课前，经常有男同事告诉我，要提醒女生不要穿那些性感、暴露、紧身、透明的衣服，因为这样的服装会诱惑男性，甚至导致犯罪。

我觉得，在这个崇尚自由的社会，虽然说穿戴是女性的自由选择，但从个人安全和自我保护的角度看，女性单独或夜间出门时，还是降低性感指数为好。

我朋友的女儿年幼时遭遇性骚扰，此后，她一直穿宽大的男性服装，这很好地保护了她青春期免受性骚扰。上大学后，她才开始穿裙子。工作后，她才敢把自己打扮得有女人味。

在这里，我要提醒家长，不要因此认为女性遭遇性侵害是女性自身的问题。最重要的是要从小给予孩子正确的性教育，教给孩子自我保护的方法。

我曾遇到这样一个女孩，她家邻居的女儿被强奸后，她奶奶一直告诫她不要穿得太花哨、太时髦和性感，说那个姐姐就是因

为穿着太性感才被强奸的。此后,这个女孩一直以男性打扮出现,还让家里的弟弟喊她哥哥。成年后,虽然她不是同性恋,但却对男性没有兴趣,也不愿意恋爱、结婚。她的母亲很伤心,说如果她愿意买女孩子的衣服,怎么花钱都可以,但如果买男孩子的衣服,就不给她钱。结果,女孩还是买男孩子的衣服穿。这和女孩奶奶不恰当的教育有很大关系。

---

4. 性格软弱的女孩

色狼由于心虚,内心是胆怯的,碰上泼辣十足的女性,会被当众臭骂甚至抽嘴巴,让他们颜面扫地,吃鸡不成反蚀一把米。所以,他们会专找看上去比较柔弱的女性下手,因为这类女性多半不张扬、不敢言语、忍气吞声。

就我咨询的个案而言,被性侵的女生,多数是单纯、从没有接触过性教育的学生。她们的家庭从来不谈有关性教育方面的话题,她们几乎没有和异形接触和交往的经验,对恋爱、性几乎没有任何概念。特别是那些来自农村的留守女童,她们较少获得父母和家人的关注,单纯、幼稚,容易被诱骗上当,甚至遭遇强奸。

5. 单独行动的女孩

由于女性力气小,这让色狼们在体力上先占了优势,即使侵犯的女性反抗,也能轻易被制服。另外,他们觉得这样的事情毕竟不光彩,很多女性是不愿意公开的。还有就是人多的时候,肢体碰触在所难免，于是色狼就有了借口，因碍于人多，一些女性反而怕声张。

"五一"放假期间，其他同学都回家了，一名女生由于父母在外打工，在学校宿舍住。傍晚，她到外面买吃的，经过一个偏僻的小山坡时，遇到三名男青年，把她轮奸了。几个月后，她发现自己怀孕了，因为不知道怎么处理，才来心理咨询。她既没有告诉父母，也不愿意报案，因为害怕报案后影响名声，将来无法嫁到好人家。通过做工作，她最终同意由我告诉她的父母，并由母亲带着做了流产手术。

---

6. 不知反抗的女孩

很多施侵者在遇到反抗后，会终止侵害行为。但很多女孩出于种种原因不敢反抗，这种逆来顺受的懦弱性格，反而会助长施侵者的嚣张气焰。有人总结了"四喊三不喊"原则：男友在旁高声喊，二三女友高声喊，白天高峰高声喊，旁有军警高声喊，天黑人少慎高喊，孤独无助慎高喊，直觉危险慎高喊。另外，在车上遇到不怀好意的人时，可以瞪对方一眼，并在下一站下车，或者狠踩对方一脚。总之，只要女孩采取适当的措施，就可以降低影响或终止性骚扰行为。

第三节 遭遇骚扰后产生的心理问题

一般而言,女性遭遇性骚扰时的年龄越小,对她的心理影响就越大。很多女孩在未成年的时候就遭受过性骚扰,这可能会给其留下严重的心理阴影,如果不及时解决还会带来很多其他方面的问题。

女孩在幼年被性骚扰后,对其心理和生活产生的负面影响很大,她们开始怀疑生活和人生的意义,并且变得敏感和神经质。如果这种状态持续下去,她们的生活和工作,爱情和婚姻都可能面临危机,因此她们需要即时进行心理咨询或心理治疗。

对女性来说,遭遇性骚扰会产生以下心理问题(见图1-2)。

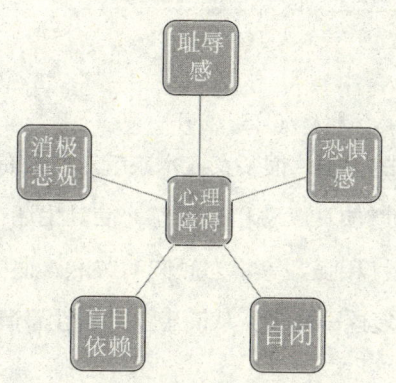

图1-2 性骚扰导致的心理问题

1. 耻辱感

性骚扰会损害女孩子的自尊和自信。个人尊严是自我价值的护卫,自信是自我价值的体现。若一个女性屡次遭受性骚扰,就会怀疑自己的价值。人们总是对高贵的和好的东西生出捍卫之心，而性骚扰带来的耻辱感往往混淆了女孩的价值标准，会使女孩觉得自己很脏，进而变得自惭形秽。

初一女生小红，在父母离异后，和母亲一起生活。一次母亲出差，母亲的男友中午到她们家给小红做饭。他离开时，紧紧拥抱小红，还用力抓了她的乳房。这件事让小红非常痛苦。

她对心理咨询师说，她觉得自己很脏，以后不会有人要她了，所以她拼命洗澡，想将身上的脏东西洗掉。这次骚扰造成小红不再信任异性，成年后也很难正常恋爱。

---

2. 恐惧感

由于生理上的差别，很多女人本来就对男人有种莫名的恐惧，性骚扰的发生会增加其厌恶和恐惧感，使其生活在恐惧、怀疑和压抑之中。性骚扰和强奸等暴力倾向有关联，很多女人又总是想象，并不断地重复这一情节，从而患上"男性恐惧症"。

3. 自闭

有些女孩会因性骚扰的痛苦记忆而陷入"一朝被蛇咬，十年怕井绳"的习惯性恐惧中，有意识地把自己封闭起来，不愿意与男性交往，拒绝恋爱和结婚，并且变得悲观厌世，遇到事情总往消极的方面想，成为性骚扰的牺牲品。

4. 盲目依赖

由于胆小和恐惧，受到性骚扰的女性很可能产生盲目依赖感，下意识地想置身于某个男性的保护中。这种过分企盼安全的不安全心理使其容易产生"急于求成"或"速战速决"的婚姻态度。成婚后，却发现自己一心托付的男人并不比性骚扰者好多少，甚至在得到她以后还会用她曾经的伤痛再度刺伤她。

5. 消极悲观

性骚扰会让一些女性产生消极悲观的情绪，在学习、工作、生活中无不如此，从而失去很多机会。这样的女性无法和男性建立正常的信任和沟通关系，自然会遇到很多问题，甚至会被认为有人格缺陷。

很多人认为，性骚扰不是强奸，对女孩造成的心理影响很小，甚至可以忽略。事实上，性骚扰虽不及性犯罪严重，但给女性造成的伤害同样深重。这种潜移默化的影响，甚至对受害者的人生观和价值观产生极为巨大的影响。

女性在遇到性骚扰后，应及时采取措施，及时进行心理纾解（见图1-3）。

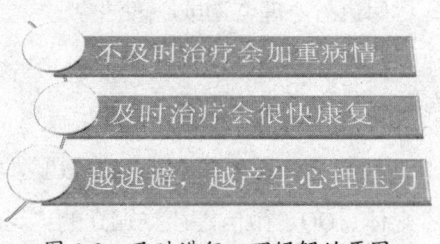

图1-3 及时进行心理纾解的原因

1. 不及时治疗可能会加重病情

遭遇性骚扰，年龄越小、性格越内向的人越容易形成创伤体验。如果不及时采取相应的措施，孩子甚至会选择性失忆，好像那件事没有发生一样。但成年后，特别是当女孩到了青春期，有了恋爱的冲动时，往往会回忆起幼年遭遇的经历，从而认为自己是不完美的女人，不敢与男性以平等的身份进行恋爱。

很多年轻女孩，由于生活阅历少、年龄小，无法正确面对成长中的创伤体验，从而选择逃避，但这样做会加重她们的心理负担和压力，使她们很长时间无法走出心理阴影，最终导致心理疾病和生理疾病。

2. 及时采取措施会很快抚平创伤

因骚扰而受到心灵创伤，远没有选择逃避的生活态度对女孩的伤害更大。遭遇性骚扰的女性受到的精神创伤通过心理咨询或心理治疗，是可以康复的，同样可以拥有幸福快乐的人生。但由于很多人选择沉默，不敢报案，不愿意进行心理咨询或治疗，从而让自己受到的伤害更加严重。因此，如果遭遇性骚扰，最好在家人的陪同下，尽早进行心理咨询或心理治疗。

3. 越是逃避，越会产生心理压力

女孩如果遭遇性骚扰，不要采取逃避的态度。特别是在现代社会中，网络、媒体、QQ、微信等社交媒介的广泛传播，家长和

女孩均应该关注性教育，思考自我保护的方法，越逃避越害怕，越容易产生心理压力，甚至对当前和以后的生活产生消极影响。

父母首先要克服害羞心理，告诉女孩，在公共场合遭遇性骚扰，应该采取的避险方式，先确保自己的人身安全，同时应及时向周围的人求救。在女孩开始独自乘坐公共交通工具的时候，应提前教育她们提高警惕，保护自己，尽量站在年长女性乘客的身边。

女孩也要学会自我保护，提高自己的心理素质和防卫能力，和陌生人说话要落落大方，一旦遭到性骚扰，千万不要惊慌失措，也不要使用刺激性语言，以免激怒对方。被骚扰时，保持镇静和机智非常重要，只有这样，才能更好地保护自己，避免受到伤害。

第四节 性侵时有发生，牢记防范措施

女孩遭受性骚扰的事件在国内外屡见不鲜，骚扰者包括老师、亲戚、邻居等。对女孩进行性骚扰的人，常常是利用从属关系或同事相处环境实施的。女学生遭受性骚扰，主要来自于男教师、邻居及熟人。对这类性骚扰如不及时有效排除，很可能发展为性侵害。

家长应足够重视，让女孩了解一些性骚扰的知识，掌握一些

基本的应对方法,否则当事情发生后,就只能徒增后悔。

面对性骚扰,女孩应当积极行动起来,大胆拒绝,不要一味妥协,应当调动自己的全部智慧,判断情况,思索对策,根据不同的情况采取不同的对策和措施。

张晴离婚后带着13岁的女儿生活。她本来不打算交男朋友了,但后来遇到了王杰。看到王杰老实憨厚,对女儿也很好,张晴就动心了。张晴有时会邀请王杰来家里吃饭,由于王杰会做饭,很快赢得了张晴女儿的喜欢。

一次,张晴出差,就叫王杰到家里照顾女儿。王杰做完饭,突然拥抱住女孩,并试图亲她,还提出一起去床上玩玩。女孩很机智,假装说:"我感冒了,要去吃药了。"进入自己的房间后马上反锁了房门,并给妈妈打了电话。王杰看到女孩锁了门,只好怏怏地走了。

女儿告诉张晴这件事后,张晴非常震惊和害怕。她赶紧买机票回家,并找来王杰,让他向女儿道歉,还让他将女儿说的事情经过写下来,留下证据。张晴告诉王杰,如果有下次,就将他绳之以法。从此以后,张晴对女儿的性教育格外重视起来。

张晴母女的做法,应该说是非常明智的,女儿机智的做法避免了一次性侵害,而母亲也由此重视起对女儿的性教育,让女儿远离性暴力和性侵犯。

一般来说,女性要防范性骚扰,可以从以下几点来做:

1. 主动学习

学习一些性骚扰的知识和防范的方法。如果女孩年龄很小，家长就要承担起教育的责任，把相关知识尽早教给孩子，以避免她们陷入危险的境地。很多女孩在遭遇性骚扰、性侵害的时候，居然什么也不知道，这无疑是父母性教育的失败。如果家长不把性教育的主动权掌握在自己手中，那么孩子就会去外面探索，电视、媒体、网络、朋友圈等各种不良甚至错误的性知识就会影响孩子。所以，家长作为孩子成长过程中最重要的人，一定要掌握性教育的主动权，和孩子一起学习、一起成长。

2. 保持警惕

女孩懂得保护自己，时刻保持警惕，可以有效防止自己成为性骚扰的对象或陷入性骚扰的困境。不管是陌生人、熟人，甚至是自己的亲人，都要注意，一旦发现其有不轨的举动，就要大胆制止，不要任其发展下去。平常不要穿得过于暴露，不穿奇装异服，不要轻信恭维、吹捧、赞美的话，也不要刻意展示自己的青春魅力、性感等，以防止引来色狼的注意。就如前文提到的，在沙滩等场所，穿比基尼是可以的，但如果在深夜单独出行，着装的性感指数太高，就会让自己面临危险。和父母、家人一起时，女孩穿着性感一点也是安全的，但一个人单独外出时，着装还是保守一点为好。

3. 不去夜店

不要轻易涉足夜店或 KTV 等娱乐休闲场所，更不要染上喝酒、抽烟等不良习性，因为在这样的环境容易遭遇不法分子的侵害。

某中等职业学校的 6 名女生，周末去 KTV 工作。老师发现后，要求她们返校，但她们不予理会，于是班主任通知了她们的家长。其中一个女孩的父亲立即赶到学校，和学校老师一起把几个女生叫了回来。这几个女生认为自己只是利用周末打工，赚些零用钱，没有什么危险。但在这样的娱乐场所工作，本身就危险性较高，所以这个学校的老师的做法是正确的。之后，学校安排心理老师对这几个女生进行心理辅导，并给予建议。几个女生最终明白了老师和家长的好意，打消了再去娱乐场所打工的念头。

---

4. 谨慎交友

现在网络发达，交友形式多样。谨记不要随便加陌生人为好友，更不要轻易见网友。即使是熟悉的同学、朋友，单独外出也需要谨慎，夜间外出更要多个心眼儿，最好告诉家人自己的行踪，或是与女同学结伴而行。如今通过微信或 QQ 认识陌生网友异常便利，而网络上有一些男性专门对那些涉世未深、单纯幼稚的女学生下手。在我咨询的个案中，因为见网友或网恋，最后遭遇强奸的个案不在少数。

5. 谨慎外出

夜晚会增加犯罪分子的胆量，因此，夜间尽量减少外出，更不要单独外出。搭乘出租车或公共交通工具时，要提防不法分子的伤害。多起女大学生搭乘出租车遭遇强奸的案件说明，女子单独搭乘陌生人的交通工具时，会增加遭遇性侵的风险。

6. 不要落单

一般性骚扰的环境，要么是隐秘性的场所，要么是公开性的场所，不管是哪种场所，只要有同伴在场，都可以在很大程度上威慑对方不敢放肆。避免单独和单个男性出入暧昧场所，如酒吧包厢、KTV包厢、电影院等。心理学认为，当两个人相处的时间达到一定长度，就容易进入私人化的空间，从而让对方感觉可以进行性骚扰，而自己会选择默许不作为。

7. 明确态度

女孩在第一次受到性骚扰时，就应当向对方表明态度，方式可以是断然拒绝，也可以是有言在先，要求对方检点自己的行为。有些女孩在遭受性骚扰时，态度暧昧，不置可否，客观上强化了对方的性骚扰心理。对于性骚扰者，女孩不要过分羞涩，要以极大的勇气、坚定的态度、义正词严的气概来回应骚扰者。

有不少女性在公交车、地铁上都被色狼性骚扰过，遇到此类情况，应该大声斥责，切忌忍让。受公众心理效应的影响，人们都认为在公共场合进行性骚扰是不道德的行为,是应该被谴责的,所以施侵者一般在受到阻力之后,就会停止侵害行为。

8. 不贪小利

一些女孩贪图美食或者小利,给了施侵者接近自己的理由。个人的心理缺陷会导致自己成为受害者,为此,女孩一定不要贪图小便宜,不要靠色相来获取个人私利。例如,不要轻易接受异性的邀请、不要随便接受别人的馈赠、不要随便和陌生人玩耍、不要去隐秘的地点等。

有个小学三年级的女生,每天下课后都会和同学一起去学校的小卖部,并趁其他同学买东西之际偷小卖部的东西。小卖部的老板是个男的,50多岁,发现这件事后,就将她叫到一边,威胁她如果不顺从他,就将她偷东西的事告诉老师和家长。女孩受到恐吓后不敢反抗,被他带到学校食堂僻静处或宿舍多次性侵。女孩读初中时发现怀孕,在家人的追问下,才说出事情的真相。虽然最终那个小卖部的老板被判刑,但女孩因此受到的伤害却无法弥补。

作为女性,不要被对方的外表所蒙骗,更不要轻易接受陌生人或者是不熟悉人的食物、饮料等等,这些东西一旦被下药,后果不堪设想。同时也要注意,在公共场合,如不小心被下药,应在理智尚存的时候借口上厕所,趁机呼救。

9. 减少接触

当女孩发现有人不怀好意时，应主动回避，尽量疏远，减少接触和交往次数。要明确而坚定地告诉对方，他的言行令自己感到非常厌烦，若其一意孤行将产生严重的后果。这样做既可表明自己的态度，又能减少不必要的麻烦。

如果是师生关系或亲戚朋友关系，也应该尽量约在公开场合见面，增加交往的透明度和公开性。如果实在担心成为性侵害的对象，也可以断绝与对方的往来。

近年来，教师性侵学生的报道比较多，尤其是留守女童遭遇性侵的个案增多。对此，教育部门也制定了相应的制度，如不允许男教师单独与女学生待在一起。女学生也不要因为对方是班主任、任课老师就相信对方不是坏人。

有一个女孩进入中专后，与她同乡的30多岁帅气的男老师，对她非常热情，经常请她吃饭、唱歌。一段时间后，男老师邀请这个女孩到他家里，并将女孩强奸了。另一个女孩也受到类似的待遇，但该女孩警惕性很高，一直拒绝单独和这个老师在一起。她说，她担心遇到坏人。我认为是这个女生的谨慎和警觉保护了她。

---

10. 敢于求助

被骚扰时，女孩应该及时向家长、老师或相关组织（如妇联、女童保护组织、妇女维权站）反映，依靠外界的力量来教育、帮助对方，依靠亲友的力量来保护自己，及时制止性骚扰行为。也可以求助同学、同事，要让侵害者认识到，他们将为此付出巨大的代价。

11. 以智取胜

机智的女孩总能防止自己落入危险的境地，即便遇到了性骚扰也可以采取适当的办法成功逃脱。女孩可以拖延时间，可以找合适的借口，如去上厕所，去拿东西，去打电话等，抽身离开，甚至可以拳打脚踢侵害者，向公安局报案。但在反抗时，一定要有智慧，做到生命第一位，财物等都是身外之物。如果在夜晚无人的地方，可以先顺从对方；如果对方索要财物，也可以给对方；记住对方的体貌特征，等到自己安全脱险后，再在亲人的帮助下报案。

在这里特别要提醒女孩，不要说刺激对方的话语，否则可能会引来杀身之祸。有好几宗个案，犯罪分子被抓后，交代说因为那些女孩遭遇强奸后，对他们说了"我记住你了，我不会放过你的"之类的话。这些话引发了他们的杀人灭口之心。所以，女孩一定要记住，由于环境不同，周旋的方式方法自然也就不同，需要女孩们审时度势，机智灵活地处理和自己利害相关的各种条件，并巧妙地运用，终止对方的侵害。永远记住，生命第一，其他的都要给生命让位。获得人身安全后，再寻求帮助。

第二章 警惕身边的危险,及时进行心理诊疗

目前在社会上有这么一些人,他们穿着名牌、扎着领带,一副道貌岸然的样子,但一旦具备某种条件,就会伸出咸猪手骚扰女性,暴露其禽兽本色。因此,女性如果不想受到伤害,就必须时刻保持高度警惕,正确辨别周围异性对自己的"好",一旦看到他们有越轨的行为,就要立刻逃脱。

第一节 潜伏在身边的"危险"

多数人认为,强奸的施暴者是陌生人,最该防范的也是陌生人,真的是这样吗?

据调查报告显示,80%的强奸发生在熟人之间,其中包括亲戚、朋友、老师、上级等等。心理学提出了"熟人强奸"的概念,而强奸地点近60%发生在受害人或施害人的家中,而非偏僻小巷,这与普通人的认知大相径庭。

最应该防范谁?对,是你认识的人,而不是陌生人。人性决定了我们对陌生人始终保持着高度警惕。而面对熟人时,则心怀侥幸,因为相信对方没有恶意,从而降低警惕。然而,信任并不能降低女孩受到伤害的几率。

所谓熟人强奸,是指在双方认识的前提下,其中一方以暴力、威胁、恐吓等方式,未经对方同意,强迫对方与其发生性行为的情况。一直以来,人们对陌生人的性暴力侵害进行了广泛的讨论,但从实际情况来看,施暴者大部分都是当事人认识并有一定程度了解的人。

18岁的嘉怡天生丽质,她来我这里咨询时告诉我,她和表妹年幼时被堂哥强奸长达两年。堂哥威胁她和表妹,如果告诉家人,

就杀了他们全家,所以,她和表妹都不敢告诉家人。长大后,她发现自己和表妹的胸部发育都不丰满,而且月经也不正常。她担心是被强奸导致的月经不正常和胸部发育不好,怕会影响将来怀孕生子。

我给她解释说,女孩来月经最初的几年是没有规律的,个体存在比较大的差异,所以不要担心。而胸部发育不丰满,有遗传等多方面的原因。如果遭遇强奸后,本人认为胸部是女性的特征,因而讨厌胸部的发育,那么心理因素对生理发育可能会造成影响,但并不一定有必然的关系。如果对此非常担心,必要时可以到医院做相关的检查。

嘉怡读大学后,有很多男生追求她,但她认为自己已经不纯洁了,并担心自己不能正常怀孕和生育,所以都拒绝了。但现在,一个令她心动的男生在追求她,她很纠结,不知道该怎么办,更担心如果和对方恋爱后,对方是否会因为她曾经的遭遇而不爱她。

嘉怡的案例是典型的熟人作案。另外,来自邻居、朋友甚至恋人关系的强奸案也不少。我们不禁要问,究竟是什么原因造成了这样的事实?更为关键的是,人们主观认识的由陌生造成的强奸行为,和事实严重不符。这种矛盾现象产生的机理主要包括如下几点:

1. 社交属性和强奸心理

从上世纪80年代开始，美国心理学家玛丽·科思（Mary Koss）及其同事就开启了对"熟人强奸"这一议题的研究。研究表明，社交关系的存在，是熟人强奸更容易成功实施的重要原因。

就像人们错误地以为"熟人是安全的"一样，施暴者认为，我和她认识，更容易得手，而且得手后，面临的惩罚可能更小；而被害者则认为，我和他认识，他不会伤害甚至强暴自己，因此在思想上没有什么防备，让自己更容易被侵犯。

大众对于熟人强奸（也包括陌生人强奸）的误读，很大程度上既塑造了人们面对熟人的心态和心理，也助长了这类事件的发生，并阻碍了受害者的危机应对，比如既然你认识他，你又没挣扎，那你一定是自愿的。

没有哪个犯罪者脸上写着坏人，尤其是与自己认识的人，他们看起来很普通。但他若强迫你、违背你的意愿、强行与你发生性行为，就是强奸，即便你没有厮打反抗，也是强奸。在强奸状况中，身体机制为了保护自己，会变得僵硬麻木，以防止受到更多的侵害。

2. 典型的犯罪心理

罪犯觉得陌生强奸会遭到激烈反抗，性子烈的还会拼死抵抗，弄得无法收场。出于这种心理，他们觉得选择认识的女性下手成功概率更大，遭到的阻力也更小。如果她拒绝，会导致社交关系破裂。或是女生担忧自己拒绝后，会导致正常社交关系破裂，从而选择顺从或者缄默。人们大都有维持社交关系的属性，不愿意轻易失掉一个朋友。

女性往往会屈服于体力和权力的压迫，从而忍让施侵者对自己的越界行为。更有人错误地认为，不少女性有被强奸的幻想，说不定正希望自己被强奸呢！

在陌生人强奸案中，有21%的人会报警。相比之下，熟人强奸中，这一比例仅有2%。由于彼此都是熟人，众口难辩，往往会被认为是自己主动的。

在熟人强奸的类型中，针对未成年人的性侵比较多。被害人和受害人有这么几类关系：一是亲人，包括父亲、养父、继父或叔叔、伯伯、哥哥、弟弟、表哥、表弟、堂哥、堂弟等；二是邻居，包括比较小的男孩和成年男人；三是父母的朋友；四是比较有威信的人，如教师、医生、警察等（见图2-1）。

图2-1 熟人强奸的几种关系类型

有人统计了被害人和受害人的13种亲密关系：亲友（父女、继父女、兄妹、堂表兄妹、亲戚等），恋人，前恋人，夫妻，同事，老乡，朋友（包括初次和多次交往），网友，同村，邻居，房东，雇佣，消费服务（特指色情娱乐场所衍生出来的关系）。

其他关系如师生、同学、教练等，也会进入公众视野。其中，老乡、同事值得关注，统计中，约会型强奸、聚会型强奸中，老乡比例位居第二，说明老乡强奸案背景和诱因多为社交事件，而同事则更多体现了"权力属性"，上级对下级的胁迫等，老师也符合类似的规律。

一个上中学的女孩告诉我，她的表妹有一次去找同学，同学的父亲趁机强奸了她表妹。由于父母平时忙于工作，直到表妹怀孕六个月时才被发现。另有一个初中女孩对我说，学校有男体育老师，在女生上体育课不小心受伤后，老师会故意摸其胸部或是臀部。

例子中的这些人都是熟人作案，由于他们有接触女孩的机会或者便利条件，才能够得逞。对于类似的熟人，女孩们要引起重视，提前加以防范。在我的咨询案例中，有的案例甚至是来自亲生父亲和哥哥。一些女孩虽然很痛苦，但为了维持家庭的完整和名声，常常不愿意告诉母亲。很多母亲由于缺乏相关的意识，没有关注到女儿受到了伤害。但母亲是一个家庭中除了女儿之外唯一的女性，应注意保护女儿的安全，并教育她们做好防范措施。

一个17岁的女孩从13岁开始就遭遇亲生父亲强奸，但她内心非常纠结。因为父亲是家庭的经济支柱，如果举报了父亲，母

亲和弟弟妹妹的生活怎么办？而曝光之后自己的家庭也会被当地人指指点点，面对来自社会的压力怎么办？况且自己举报父亲，是否有人相信？又会对父亲做出怎样的处罚？家人会因此怨恨自己吗？

正是这样的困惑和性教育的缺失，使很多女性在遭遇亲人性侵害后不知如何面对和处理。我咨询的个案中，遭遇亲生父亲强奸的女孩，也占有一定的比例，所以，这需要母亲提高警惕，成为女儿的保护者。

在熟人强奸中，分为以下几种情况。

1. 互动强奸

男女彼此有互动上的暧昧倾向，比如语言上的暧昧，眼神的勾引，女方可能传达了一些引起男方误会的信息，在荷尔蒙的刺激下，促成了对方犯错的心理。所以，女性一定不要在特定的环境中，给对方错误的信号，让对方感觉自己也有性方面的需求和幻想。

2. 性冲动强奸

因为性发育越来越早，多数青春期的男生荷尔蒙增高，加上通过录像、网络等观看了色情片，导致他们的自我控制能力减弱。因此，面对青春期的男生，女生要多一些警惕。这并不是说朋友或同学本质不好，而是在特殊的环境或诱因下，他们自控能力较弱。所以，女生不要单独和青春期的男生在黑暗或封闭的环境相处。

一个高三男生的父母均是大学知名教授，长期在国外讲学。家里只有保姆照顾这个男生。男生学业优秀，人也高大帅气，学习成绩也非常好。一次，男生在家中上网看黄色录像后，正好遇到邻居女孩来敲门问是否有开水，冲动之下就把那个10岁的小女孩强奸了。事发后，两家人都非常震惊，因为这个男生平时表现很好。

---

3. 单恋强奸

单恋或者对女方抱有性幻想的男人，会偷偷注视对方，观察对方，甚至对对方的一举一动了如指掌。在这种情况下，他们的强奸行为，往往是蓄谋已久的，有的是专门踩点并实施的。这需要引起女性的注意，当发现对方对自己图谋不轨时，要主动远离，或者采取其他的应对措施。

4. 约会或聚会强奸

此类强奸是指双方以约会作为互动条件，或者是以聚会的形式认识，起初以哥们儿、朋友相称，没事的时候一起逛街、吃饭、看电影、喝酒、泡夜店等，用特定的某种环境来达到自己的计划，事后以不是故意为借口掩盖强奸的事实。一些初高中生参加同学聚会时，男生喝酒后控制力减弱，如果酒后与女同学单独相处，很容易因控制不住自己的性欲而犯罪。

由于熟人强奸曝光率不高，并没有引起人们的注意。我给学生讲课后，有些家长听课后会主动告诉我，她们幼年曾遭遇过邻居老男人、继父等强奸未遂的事情。但这些她们都埋藏在心里很多年，从没有和任何人说过。

第二节 增强防范意识，远离"暧昧"的事发地

强奸案的过错方当然是施暴者，这一点是毋庸置疑的，但我们在享受人际交往带来的乐趣的时候，也一定要采取措施来保护自己的安全，而且，防范措施还要考虑司法取证和司法救济等内容，以免使自己陷入被动。

晓晓的妈妈从英国留学回来在一家外企工作。晓晓很小的时候妈妈就对她进行性教育，对这一点丈夫是赞同的。但有一天，丈夫发现妻子在教15岁的女儿使用安全套的方法，还让女儿把安全套放在书包里随身携带，他有点受不了。

但妻子认为："与其带着女儿去打胎，不如告诉她怎么保护自己，避孕套是最好的防范措施之一，可以将伤害降到最低。"甚至在特别危险的时刻，完全可以请施暴者带上安全套，以防止其对

孩子的身心造成更大的伤害。

妻子认为，孩子的性教育要提早进行，父母无法时刻陪在孩子身边，必须要为女儿的安全着想。但丈夫认为，妻子的这种行为是教女儿早恋，甚至纵容她提早进行性行为。如果被老师和同学们发现，会造成负面影响。

目前在我国，学校开展的性教育无法满足青少年对性的好奇心，因此，与其让他们从网络、媒体获取错误的性知识，不如提早由家长传授。就如一些性教育工作者认为的那样，只有家长抢先占据性教育的主动权，才能有效避免孩子受到侵害。

现在，中国计划生育协会已经在全国很多省市开展了青春健康人生技能培训，主要教材有《成长之道：青春健康人生技能培训指南》和《生殖健康同伴教育培训手册》等。培训目标是改善中国10～24岁青少年和未婚青年的性与生殖健康。该培训通过参与式培训，以同伴教育为主，帮助青少年坦然面对成长中的各种烦恼，提高应对各种挑战的能力，并在性健康与生殖健康方面做出健康、安全、负责任的决定，为今后的生活做好充分的准备。这套教材中专门介绍了预防性病、艾滋病，预防意外怀孕，远离毒品等方面的知识。

我从2013年在学校开展这项工作，在这之前，我咨询的个案中，学生怀孕的个案很多。通过开展这项活动，我所负责的学校就再没有学生因为怀孕的问题前来咨询。同时，我也在各个县、镇、乡村开展有关留守儿童和青少年的性教育。在开展讲座后，我发现越是偏僻的乡村和观念落后的地区、学校，女学生遭遇强奸的个案越多。而学生因恋爱、被强奸意外怀孕的也很多。而那些接受了家长或学校性教育的孩子，往往能正确处理自己所面临的各类性困惑和烦恼。所以，我希望社会、学校、家长能与时俱进，将正确的性与生殖健康知识传播给青少年，这是一种生存技能。为了让孩子未来找一份好工作，学校和家长关注的往往是学习，但性知识是人生技能的一部分，为什么我们就不能大大方方地和孩子们探讨呢？

我在某省一所中职院校讲课时，印象最深的是一个十几岁的女生。她听课后来找我，说她已经停经六个月了，她不知道是否怀孕了，因为村里有一个50多岁的男人和她一起玩了性游戏。而那个男人两个月前过世了。女孩说那个男人对她很好，总给她买好吃的。

我问她为什么不告诉母亲，她说这是一件丑事，如果告诉母亲，母亲肯定会骂她。我建议她去医院检查，她说不好意思去。我问她是否愿意告诉老师，她说告诉老师，老师会告诉母亲，还是免不了挨骂，所以也不愿意。

因为我讲课后就要离开这所学校，所以我去附近的药店买了早孕试纸给她，并教她怎样使用。我离开这所学校后便失去了这个女孩的消息。试想，如果她接受过性教育，也许不至于走到这一步，她的人生将是另外一番景象。

我认为，女性防范强奸需要注意以下几点：

1. 保持距离，不要太过随便

在与人说话时，不管是陌生人还是熟人，都要保持一定的距离，不要轻易相信任何人。在和别人交往的时候，要多留一个心眼儿，一旦发现他们有越轨迹象时，就要停止与其交往或是减少与其接触的机会。很多女孩被性侵的原因之一，就是不懂得和别人保持距离，更不懂得大胆拒绝。

一个遭遇继父猥亵的女生由母亲带着前来咨询。她的母亲非常伤心，无法接受这一现实。她问我："他怎么可以这样？"我回答说："对于这样的男人，他当时就是认为她是一个女人而已。"

所以，女孩只要和异性在一起，就要有防范心理。那些没有和女儿生活在一起的父亲，当他们的思想意识、自我道德感没有建立时，女儿很有可能成为他们伤害的对象。

另外，不要穿得过于暴露，不要举止轻浮，不要与异性玩过分亲密的游戏等。前面涉及性感指数的内容已经提到，和异性单独相处或是深夜出门、出入舞厅等地方，不宜穿性感指数高的服装，因为这可能会有一定的危险。总有那么一些人，他们的自制力很弱，女性如果不想受到伤害，就必须提高警惕。

2. 尽量不跟异性待在隐秘空间

不管是在家也好，在外面也罢，尽量不跟异性待在隐秘的空间或者黑暗的地方。因为这些地方都是案件多发之地。如果女孩不慎遇到这种情况，一定要想办法尽快撤离。不给对方任何暗示，不和他们进行亲密的肢体接触，就不会诱发或助长对方的性欲。中央十二台法制栏目播放了这样一则新闻：

一个19岁的女孩花20元打了一辆三轮摩托车去工厂面试。由于工厂中午休息，三轮摩托车司机提出到他的出租屋午休后再去面试，女孩就随他到出租屋休息。最初三轮摩托车司机让女孩睡在床上，他则靠着沙发休息。到下午2点左右，三轮摩托车司机兽性发作，强奸了女孩并将其杀害。

这个女孩在整个过程中没有一点儿防范意识，轻易相信陌生人，最终造成了悲剧。所以，女性只有增强防范意识，才能有效避免恶性案件的发生。

很多强奸案件的发生，就是因为受害者不懂得尽快从隐秘空间撤离。尤其需要告诉成年女孩，当面临隐秘空间的时候，或走在黑暗的道路上的时候，一定要想办法尽快脱离这种环境，或与家人取得联系。

3. 机智灵活，拖延时间并呼救

女孩在遇到歹人想要性侵自己时，一定要保持冷静，不要激怒对方，也不鼓励正面搏斗，毕竟女孩在体力上不如男性。所以，如何有效拖延时间，并成功逃跑才是重点，这很考验女孩的智慧。如果实在逃跑无望，可以尝试与其协商，尽量让其带上安全套，以防止性病传染和怀孕。

4. 强身健体，学点女子防身术

女性遇到歹徒时，不要慌张，要怒目而视，趁对方不注意，猛击对方的要害部位，在对方没有缓过来的时刻迅速逃跑，这是非常好的方法。不过，对于很多女性而言，这种策略不一定能够顺利实施，而且一旦不成功，可能会激怒对方，让自己面临更大的危险。

所以，女子可以学一点防身术。这样如果遇到并不是很高大的男性时，凭借自己的技能也能终止危害行为。猛击其要害，趁机逃走，对方也不会怎么样。不过遇到多人的时候，也就是有多人实施侵害的时候，需要见机行事，防止自己面临更大的伤害。

很多国家已经在学校开展性教育，我国由于地区差异和思想观念不同，各地区孩子的受教育程度也不一样。通常越是贫穷和落后的地方，接受的性教育越少。很多学校认为性教育无法拿到桌面上谈，又担心把握不好尺度引起家长和社会的非议，所以也不愿意主动承担性教育的责任。还有一些学校认为性教育对升学率没有好处，还占用了学生学习的时间，所以并不欢迎开展性教育。

学校教育的不足，需要父母承担更多的责任，来告诉子女如何有效避免性骚扰、性侵害，遇到危险的时候如何呼救和尽快逃离。特别是留守女童，父母不在身边，老人又常常不注意其情绪的变化，导致她们常常成为性伤害的对象。

第三节　珍视生命，积极克服心理障碍

性侵害不仅伤害女性的身体，更加伤害女性的精神，一些女性从此就陷入了噩梦之中，严重影响了其之后的恋爱、学习和工作。有的女性甚至得了抑郁症，最后选择以自杀的方式结束自己宝贵的生命。因此，如果女性不幸遭遇此类事件，一定要正确看待这件事，要明白，与宝贵的生命比起来，任何事情都是小事。

一般来说，女性在经历此类事情后，心理创伤会经历以下两个阶段：

第一个阶段称为急性期，常见的心理感受有恐惧、自责、羞耻、自卑；第二个阶段称为重组期，常见的心理感受是没有安全感、不信任他人、损伤自信心。

急性期指女性在遭遇性侵几个星期之内，情绪会非常不稳定，有的大哭大喊，有的表现出极度的恐惧、愤怒、焦虑和紧张，也有的被害人竭力压抑这些情绪而表现出麻木冷漠、行为呆滞迟缓的状态。

心理创伤的两个阶段（见图2-2）。

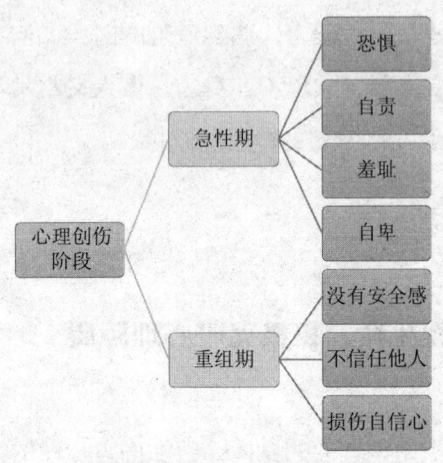

图 2-2　心理创伤的两个阶段

在急性期阶段常见的心理问题有：

1. 恐惧

这是最主要的情绪，包括现实的恐惧，如害怕怀孕、害怕残废、害怕染病、害怕被别人歧视等；也有非现实的恐惧，包括各种幻想和臆测。

小花在小学二年级时被邻居家的哥哥强奸。对方恐吓她，如果告诉家人，就杀了她的全家。此后，只要独自在家，她就非常恐惧，很担心对方再次伤害她，特别是晚上，更加恐惧。一次，她睡觉时不小心碰到一个毛茸茸的东西，就以为又是邻居家的哥哥来侵犯她，吓得大哭，声嘶力竭。家人开灯后，发现是一只小猫在她的床上。这种恐惧，一直持续到她大学毕业离开家。直到

如今，虽然早已结婚成家，但只要家里就她一个人时，她就会把大门紧锁，把卧室的门也锁紧，否则就无法入睡。幼年的恐惧和不安全感，一直伴随着她。

---

2. 自责

这在被侵害女性中普遍存在。她们会长时间责备自己，比如"我当时如果喊人就好了"，"如果反抗就好了"，"为什么当时那么傻，放着那么好的逃跑机会不跑呢？"等等。

3. 羞耻

她们会拼命洗澡，仿佛想洗掉耻辱。羞耻感还会使她们精神恍惚，不管在哪里，总能想起自己受侵害的情景。

4. 自卑

此类情绪或者是由贞节观引起，或者是由社会对被侵害女性歧视引起。受害人对世界的信心完全坍塌，除了出现紧张焦虑，一些人还会陷入抑郁，不吃不喝、不言不语。

重组期指急性期后的很长一段时间，有时会持续几个月、几年、几十年，甚至是终生。在重组期，受害人的情绪即便平缓下来，仍旧有许多潜在的心理问题。

在重组期常见的心理问题有：

1. 没有安全感

这种不安全感很难消除。她们变得谨小慎微，把自己的生活圈子缩得很小。性格孤僻冷漠，在哪里受到伤害，就惧怕去类似的地方。

2. 不信任他人

她们对他人的信任也遭到破坏。有些女孩子从此回避与男性交往，有些则走向另一个极端，变得放荡。而实质上这都来源于同一个观念："男人是可恨的，是不可信任的。"

3. 损伤自信心

她们的自我意识被严重损害，信心受到严重的打击。她们对自己的自我保护能力、独立生活能力都产生了严重怀疑，从此不再会奋发图强，失去了生命的活力。

性侵事件的发生与男性接受的性伦理和性道德教育有关，也与他们对性能量的自我管理能力有关。性欲是一种巨大的能量，但有些人却没有培养良好的自制力，不懂得性欲的满足只有在双方自愿、不违背对方意愿的情况下才可以发生。而且，与14岁以下的儿童发生性行为，即使对方同意，也是法律不允许的，会以强奸罪论处。

很多强奸案，是男性以威胁、恐吓或暴力手段对女性实施的。因此，关注男性的性伦理和性道德教育，培养他们管理性欲望的能力，增强他们的自制力，是有效避免性侵事件发生的手段之一。

我过去开展性教育的对象通常是女性，如给幼儿园的女童讲身体的隐私部位不能让别人触碰、告诉中小学女生学会自我保护、提醒女孩的妈妈关注孩子的性教育等。但现在，我经常给青春期的男生讲性伦理、性道德、性欲望的自我管理以及自制力的培养，以帮助他们提高管理性欲望的能力，增强自制力。我告诫他们，要做一个尊重女性、守法的公民，希望他们承诺这一生不做侵犯女性的事。我认为，与其对女性进行被动的性防范教育，不如对男性开展"不侵犯女性"的自我管理教育，提升男性的自我管理能力，培养他们的自制力。因为多数情况下，男性是性侵害行为的主动实施者。

对女性进行性教育仅仅是防范，而对男性进行性欲望的自我管理能力教育，让他们提升对性欲望的控制能力，培养他们的自制力，则是一种积极、主动的教育。根据我的教学经验，我认为对男女采取不同的性教育，既是对女性的保护，也是对男性的保护。因为如果男性性侵女性，他们也将面临被判刑，发生性侵害行为，伤害的是男女双方。对男性自制力的培养，提升他们管理性能量的能力，是积极防御性侵害事件发生的有效途径之一。

第四节　运用正确的心理疗法，改善精神状态

心理疗法与药物及物理治疗不同，是心理医生、心理治疗师或心理咨询师在与求助者交往接触的过程中，通过语言或行为来影响求助者的心理活动的一种方法。心理治疗是双方互动的过程，每一方通常有一个人，但也有两个或更多人的情况。

性伤害后的心理治疗，目的是通过心理咨询师、心理治疗师或心理医生采用合适的心理治疗方法改善受害者的认知功能（思维异常）、情感功能（痛苦或情绪不舒适）或行为功能（行为的不恰当）。

有一次，一个心理学同行打电话向我求助，说他们社区一个9岁留守女童小花被一名保安猥亵。由于小花下身出现红肿，被奶奶带到医院检查，她才将自己的遭遇告诉了奶奶。之后，爷爷奶奶将保安告上了法院。

由于男子实施的是猥亵行为，法院对他做出了拘留15天和处罚5000元的处理。爷爷感到很不平衡，多次带着小花到妇联、信访局去申诉。奶奶也多次带她到各大医院看心理门诊。经过几次三番的折腾后，小花的情况越发糟糕。小花的父亲胆小懦弱，因小花发生这样的事突发精神分裂症，在外打工的母亲无法承受小花父亲的精神病，离家出走。

原本乖巧听话的小花变得花钱大手大脚，经常发火。每一次咨

询,心理咨询师都会让小花回忆那天发生的事。妇联、信访局、学校也对此事显得极为关注,小花在应付大家的询问中身心疲惫。这件事最终弄得人尽皆知。那些根本不懂如何处理性伤害的妇联、信访局、社区工作人员或心理咨询师,不断给小花造成二次伤害。因此,我认为有必要对妇联、信访局、社区工作人员或心理咨询师进行有关培训,让他们懂得如何采取合适的方法,对受侵害者进行心理辅导,帮助她们将伤害降到最低,而不是在她们的伤口上撒盐。

所以,遭遇性伤害的女性一定要寻求合适的心理咨询师或心理医生进行治疗。目前的心理咨询,很难用一种方法解决所有问题,通常是多种方法综合应用,这样效果比较好。对于不同的受侵害者,她们适用的方法也不可能完全一样。求助者最好能找到对性侵案例咨询有经验的心理咨询师,这样才有可能获得较好的咨询效果。

遭遇性伤害的女性可以用以下三种常用的心理治疗方法:

1. 精神分析疗法

这种疗法由弗洛伊德首创,后来被逐步发展和完善。它可以识别潜意识的欲望和动机,解释病理与症状的心理意义,协助求助者对本我进行剖析,解除自我的过分防御,改善求助者的人际关系,调整心理结构,消除内心症结,促进人格的成熟。

精神分析治疗过程通常分为四个阶段(见图2-3)。

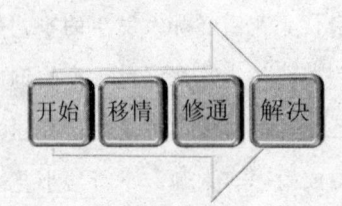

图 2-3 精神分析治疗的四个阶段

（1）开始阶段。了解求助者需要解决的问题，双方就治疗规则、治疗阶段、双方责任等取得共识，由浅入深了解求助者精神困惑的根源。

（2）移情阶段。移情是求助者将自己对过去生活中的某些重要人物的情感投射在治疗者或心理咨询师身上，心理咨询师依据求助者的投射对其进行体验、理解并告知求助者。

（3）修通阶段。运用解释为主的技术，向求助者揭示其内心的无意识欲望和冲突，展现出各种症状关系，获得求助者的理解和领悟。如果遇到阻抗，需要及时处理，并坚持多次咨询才会逐渐获得疗效。

（4）解决阶段。这个阶段，求助者可能会在移情上出现反复，治疗者需要继续采取解释技术，解决求助者遗留的问题，使之能够面对现实。当求助者能够解决移情并做好结束的准备时，治疗就可以结束了。

2. 行为疗法

行为主义心理学认为，人的行为是后天习得的，好的行为可以通过学习来获得，不良的行为同样也可以通过学习训练而消除。对于受害者而言，最初的恐惧、害怕、自卑等心理困惑，通过行为治疗和训练，可以帮助她们重新建立自信，重获心理健康。

行为疗法通过对行为的评价和行为的学习，帮助求助者调动自身的认知能力，让其逐步以健康的行为代替异常行为。具体的行为疗法有系统脱敏疗法、厌恶疗法、阳性强化法、冲击疗法、听其自然法、强化疗法、放松疗法等。

治疗方法的选用是根据具体行为表现选择的，由治疗者提出方案，征得求助者同意，在求助者积极配合下进行。不同的治疗方法需要的时间不同。如果求助者产生逃避的意念或行为，或者放弃治疗，那么就可能前功尽弃，并对今后的治疗产生负面影响。

3. 认知领悟疗法

认知领悟疗法强调意识层面的领悟，是通过解释使求助者改变认识、得到领悟，使症状得以减轻或消失，从而达到咨询目的的一种心理治疗方法。认知领悟疗法治疗的次数并不固定，关键是让求助者能够领悟到自己存在的认知错误。只有改变不良认知才能告别过去的痛苦。

其他心理治疗方法还有以下几种：

1. 支持性心理治疗

心理医生或心理咨询师等与求助者建立良好关系，利用治疗者的权威、专业知识，来关怀、支持求助者，使他们发挥其潜在能力，提高应付危机的能力，舒缓精神压力，避免精神状态进一步恶化，帮助他们走出心理困境。

上面小花的案例中，爷爷认为对保安处罚太轻，所以几次带着小花到妇联、信访部门要求严惩罪犯。而奶奶担心孙女出现精神问题，一次次带她到医院做心理治疗。这不仅无法平复小花受伤的心灵，反而加重了她的心理困惑。所以，面对这样的事，首先要保持理智，要以关爱的心对待孩子，不要责备孩子，认为是她不够聪明才造成的伤害。同时，家庭、社区、妇联等都可以给予关爱，但不是一次次询问事情的经过或细节，而是用一颗爱心，让女孩知道，她虽然遭遇不幸，但这样的事就如被蚊子叮了一口一样，虽然有点痛，但很快会好，尽量淡化孩子对此事的看法，而不是一次次强化，让孩子以为自己受到莫大的伤害，甚至因此无法正常学习和生活。

2. 家庭治疗

家庭治疗是指将家庭作为整体，从系统，动态的视角看待家庭成员的心理问题。该疗法主要运用家庭各成员之间的个性、行为模式相互影响、互为连锁的效应，改进求助者的心理功能，促进各个成员的心理健康。夫妻治疗（也叫婚姻治疗）是家庭治疗的一种特殊模式。

3. 催眠疗法

通过催眠的方式将求助者引导进一种特殊的意识状态，运用言语或动作整合求助者的思维和情感，从而达到治疗目的。此时的求助者对他人的心理引导可以在知觉、记忆和控制中做出相应的反应。催眠不是真正的睡眠，而是通过心理暗示，达到一种意识高度集中的特殊脑功能状态。

4. 药物治疗

使用少量、短程的药物治疗，配合其他治疗方法，可以显著改善求助者的生活质量，稳定情绪。一些滋心补脑类药物对提高记忆力，改善心境，消除情绪忧郁、焦虑、神经衰弱等有显著效果，而且短期服用并没有副作用。在心理咨询过程中，有些人认为只需要与求助者进行沟通就可以了，但实际上，如果求助者的症状严重，必须配合药物治疗，但心理咨询师不能给求助者开药，求助者需要到医院找精神科的心理医生开药。通常药量的多少和用药的时间，由心理医生决定，求助者不能擅自停药。有些遭遇强奸罹患重度抑郁症，有自杀念头或行为的女性，需要住院进行治疗。

心理治疗的方法还有很多，需要根据求助者的具体情况选择合适的一种或者几种方法。运用心理治疗，对求助者进行训练、引导和治疗，可以有效减轻或消除其身体症状，改善其精神状态，使其适应家庭、社会和工作环境，最终康复。

第五节 危机干预，选用合适的矫正方法

心理治疗是通过语言和非语言的技巧，了解求助者的状况，排解她们的痛苦，找到问题的根源和解决的方法。它需要心理咨询师完全接纳求助者，体验求助者内心的痛苦，帮助求助者解释自己认识不清的问题，还要选用合适的治疗和矫正方法。对于那些刚刚遭遇性侵害有自杀倾向的女孩，需要进行危机干预。

危机干预是指采取某些措施来干预或改善危机情景，以防止伤害处于危机情景中的个人及其周围的人们。危机干预又称危机调停，是以急诊访问或劝导的形式，改善那些有自杀念头或正在实施自杀行为的人可能导致心理障碍的各种内因，以避免发生意外。

阿玲就读于一所普通高中，班里的风气很不好，加之男多女少，她经常受到男生的骚扰。为了躲避骚扰，阿玲假装和同班一个调皮的男同学恋爱，但在该男生向她提出性要求她拒绝后，两人分手。这个男同学为了报复阿玲，找了社会上的一个男青年在一天晚上把阿玲强奸了。

事情发生后，阿玲情绪很低落，产生了厌学情绪。父母一直觉得她是好孩子，不和坏孩子来往、不撒谎，看她最近表现不好，就打骂她，她只好说出了真相。爸爸知道真相后，狠狠地打了她，她觉得没脸见人，在第二天凌晨选择了自杀，还好被及时制止并救了下来。

阿玲不知道该怎么办，就电话联系了心理咨询师，这也是我

们遇到的少数主动寻求帮助的女孩之一。阿玲的父母虽然不乐意我们介入,但因为孩子有了自杀倾向,也就同意了。

按照预先设计好的程序,我们需要和求助者的父母先做简单的交谈,大体了解事情的经过以及女孩的基本资料,如下:

女孩的年龄:17岁

女孩的小名:阿玲

女孩现在的状态:不吃饭、不说话、有过自杀行为。

我打开女孩的房门,看到一张床、一张桌子、一个茶几,还有几个随意放置的矮凳子。女孩躺在床上,凌乱的被褥下,露出凌乱但乌黑的头发。在征得女孩和家长同意后,我们按照以下环节(如图2-4)开始了工作。

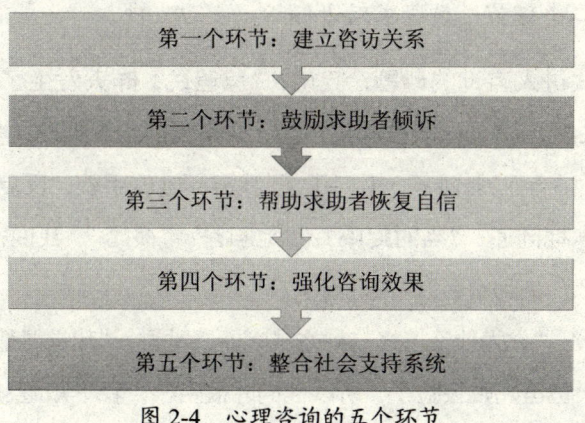

图 2-4　心理咨询的五个环节

第一个环节：建立咨访关系（信任关系）

我搬了一个凳子，坐在求助者的床前，身体前倾，目光专注，用温和的话语自我介绍："我姓曾，是心理老师，也是你和爸爸的好朋友，你可以叫我曾老师，好吗？"

女孩点了点头，没有说话。我问她："你叫什么名字呢？"女孩的声音很小，几乎听不见。我对她说："我可以叫你的小名吗？"她也同意了。我又问："我们可以成为朋友吗？我想做你的朋友啊！"她用疑惑的眼神看了我一眼，说："嗯。"

干预方式解析：

取得求助者的信任是心理咨询的前提。为了避免求助者的抵触，我用"虚拟亲情"的方式来瓦解求助者的抵抗情绪，营造轻松的氛围。我用求助者的小名来称呼她并告诉她我是她的好朋友，以打破她的心理障碍。

第二个环节：鼓励求助者倾诉

正式进入咨询的话题，我说："爸爸说，昨天发生了一件让他很害怕的事情，你能告诉我，是什么事情吗？"她说："我想不开，用刀在手腕上划了一道口子。"我拿起她的手腕，反复看了一下，轻声地问道："当时疼吗？"她回答："很疼。"我说："现在还疼吗？"她回答："现在好点了。"

我问："你为什么选择这种方式呢？"她说："我觉得都是自己的错，给爸爸妈妈丢脸了，所以他们才很生气，我不知道怎么办才好。"我继续问:"那么,你能说一说,究竟发生了什么事情,让他们这么生气吗?"听了我的话,她开始讲述学校里发生的事情。

干预方式解析:

心理咨询师引导求助者诉说她的苦恼,是为了了解情况并宣泄求助者的情绪。我采取了"迂回询问"的方法,以避免直接询问可能对女孩造成二次伤害。谈话的时候,适时拉起女孩的手,询问割腕的感觉,营造和谐氛围的同时,也进一步强化了这是错误的行为,让其进行反思。

这里有两个咨询细节:一个是每叫一次她的小名,她都感动一次,可以看到她的眼里噙满了泪水;另一个是她反复说,自己不是一个好女孩,大家都不喜欢她了,都是自己不好,如果不和那些人来往,也许就不会被强奸了,这是典型的强奸后的自责倾向。

第三个环节:帮助求助者恢复自信

我开始对她进行劝慰:"听了你的诉说,我很难受,你是一个好孩子,遇到这样的事情,自己不知道怎么办,也无法摆脱,又不愿意让爸爸妈妈担忧,就选择了不上学,是吗?"她点了点头。我继续说:"我和爸爸妈妈谈过了,你一直是一个好女孩,不管你怎么样,他们都会喜欢你。这件事,给他们的打击也很大,他们也很难受,他们爱你,希望你能自己走出来。"

我对她说:"这不是你的错!犯错的是伤害你的人,他会为自己的行为付出代价的。"她开始流泪。我问她:"你整天以泪洗面,不吃不喝,是用别人的错误来惩罚自己啊!你错了吗?"她摇了摇头,"那么你为什么还要这么折磨自己呢?"她迟疑了一下,想说什么,但没说出来。

我继续表达几个观点:一是,你是一个好孩子,发生这样的事不是你的错,你是值得爱的孩子,你也有很多好朋友,有许多爱好。二是,生活中有很多不快乐,但也有很多快乐,不快乐最终都会过去,我们应该珍惜那些快乐的时光,经过了一些特别的事情,你应该更加懂得珍惜,珍惜自己的爸爸妈妈,珍惜亲情,他们期待你能走出心理阴影,步入阳光地带。三是,人生有三个时间段——过去、现在、未来,过去的事情已经发生,我们无法改变。所以,我们需要学会接纳、释怀、放下。你需要做的是,先调理好自己的身体,然后尝试着出去走一走。在这个过程中,她开始认同,最后沉默、思考。

干预方式解析:

求助者一直是一个好孩子,现在遭遇强奸,于是她认为自己成了一个不值得别人爱的坏孩子。爸爸妈妈都喜欢好孩子,不喜欢坏孩子,所以求助者自责,认为被强奸都是自己的错。谈话是要告诉她,她一直是个好孩子,被强奸并不是她的错,还有更好的生活等着她。

在这个环节里,心理咨询师有两个咨询方向:一是和求助者一起辨析好孩子和坏孩子的问题;二是告诉求助者被人奸污不是她的错,并不影响大家对她"好孩子"的印象。由于求助者情绪低落,不愿意说话,很多时候需要咨询师说出来。

在细节上,一是反复强调,她是一个好孩子,而且大家都很喜欢她；二是强调她没有错，不能为别人的错买单，更不能自我伤害和自杀；三是一切都过去了，作为聪明善良的好孩子，她应该向前看，这才是智慧的选择。

第四个环节：强化咨询效果

为了巩固和强化效果，我增加了"放松练习加催眠暗示"的内容。我发现求助者的情绪已经好转，表情也不再凝重，求助者渴望被接纳、被尊重，她的语言开始增多，继续交流的意愿明显。我和她建立了良好的关系，她开始信任我，愿意听我的话。增加这个环节，是为了给求助者做一个放松练习并适时的给予她心理暗示，以固化咨询效果。

我邀请她来做一个放松练习，她同意了。"先把眼睛闭起来，用腹部呼吸，吸气的时候要闭上嘴巴，用鼻子吸气，尽量将空气吸进你的大脑，鼻腔中有凉凉的感觉；呼气的时候，要徐徐地呼出，注意体会嘴唇上那种麻麻的感觉。"

"我们一起来做深呼吸，每一次都想着，吸入你的快乐，吐出你的烦忧。使劲呼吸，闭上眼睛，不要睁开，继续听我说，缓缓地说出下面的话：

我是一个好女孩，
大家都喜欢我，
大家都愿意接纳我，接纳我重新回到他们的身边，
所有的人都看到了我的坚强，

大家都希望我快乐

……

"现在慢慢地把眼睛睁开,就这样,用眼睛看一看你的周围,有爸爸,有妈妈,有我们,你现在的感觉怎么样?是否很舒服?慢慢地坐起来,就这样,抱一抱你的妈妈,好吗? 和妈妈说一声,'妈妈,你受苦了'。拥抱你的爸爸,原谅爸爸,爸爸不该打你,爸爸要和你说声'对不起'。"

她一边哭一边拥抱爸爸妈妈。

干预方式解析:

"放松练习加催眠暗示"的主要特点是暗示,人在放松的状态下最容易接受暗示,在这个环节里,我采用了放松练习减缓求助者的焦虑情绪并适时地给求助者积极的心理暗示。由于爸爸妈妈开始时的指责,给她的心理造成了一定的伤害,所以,我设计了让求助者抱抱爸爸妈妈的环节,以整合家庭关系,建立一个完整的家庭支持系统,这对于心理修复非常重要。在心理咨询细节上,我看到她一直在哭,但是此时的眼泪不再是无助的泪水,而是由衷地感激。

第五个环节:整合社会支持系统

完成以上环节之后,我把女孩的父母叫到另外一个房间,进行了单独的心理辅导,目的是让他们承认伤害的事实,减轻自身的压力,为求助者提供一个心理修复的环境,改变他们错误的认知。父母错误地认为被人强奸是"孩子的错",如果不和他们玩,就不会被强奸了。

我想让他们明白,孩子是因为无知和没有接受到相关的教育,才会出现不恰当的异性交往方式。但这不仅仅是孩子的错,家长和学校都有责任。特别是在孩子青春期前,家长应提前进行必要的性教育,提醒异性交往的注意事项。所以,家长也有责任。如今事情已经过去了,后面尽量运用法律去解决,不要把仇恨积压在心底,不要再对女孩进行打骂和指责,孩子身心健康比什么都重要。决定情绪的不是"强奸事件",而是你们对这个事件的看法和处理方式。这并不是孩子的错,更不要以影响家庭的声誉为名,往孩子的伤口上撒盐。要给孩子尽量多的接纳和安慰,多抱抱孩子或者抚摸孩子的头,说话的时候尽可能拉着孩子的手。特别是母亲,发生了这样的事,首先应该认识到自己教育上的缺失,勇于向孩子认错,从而建立良好的亲子关系,这才更有利于孩子的健康成长。

干预方式解析:

落后的传统观念会让受害人失去亲情、友情和爱情。除了对女孩进行援助外,还要对她的父母进行辅导,纠正他们的错误认识,实际上他们也是受害者。由于主要对象是女孩,所以目标指向是为孩子提供一个良好的社会支持系统,以利于女孩的生理和心理康复。

这个案例取得了很好的治疗效果,其中过程控制和氛围营造起到了关键的作用。心理咨询师要通过语言和非言语因素来营造良好的氛围，有时候这些东西发挥的作用比咨询本身更大。毕竟，对于求助者而言，效果才是硬道理。

在咨询过程中，最重要的是建立良好的咨询关系。只有求助者在安全的环境下，对心理咨询师产生足够的信任，才愿意向咨询师倾诉。通常，第一次咨询最重要的就是让求助者倾诉，咨询师倾听。通过求助者反复的诉说，达到减缓其心理压力的作用；其次，需要让家长明白遭遇强奸是重大危机事件，往往不是一两次心理咨询就可以解决问题的，至少要通过三四次，才会有比较好的咨询效果。

一般来说，越早对受害人进行心理咨询或心理干预，咨询效果越好。所以，当孩子已经遭遇侵害时，家长应尽早联系心理咨询师，对孩子进行心理危机干预或心理咨询，不要认为家丑不可外扬，企图在家庭内部解决问题。如果不及时进行心理危机干预或心理咨询，那么受害人未来的恋爱、婚姻都可能会出现问题。

第三章 要正视自己：我依然是一个值得爱的好女孩

面对被性侵的女性，旁观者不是同情和理解，而是指指点点，舆论对女孩的伤害这比性侵事件本身所造成的伤害大得多。而一些父母，在得知自己的孩子被性侵之后，不是呵护而是打骂。正因如此，才导致很多女性在被强暴后，还要面临第二次伤害，有的甚至用自杀的方式来解脱。在这里，我要奉劝各位女性，与我们宝贵的生命比起来，任何事情都是小事，无论你遭受外界多少的冷嘲热讽，都要正视自己，相信自己是个值得被爱的好女孩！

第一节　伤害，心灵不能承受之重

大量研究发现，性侵的伤害往往更多的来自社会舆论，社会舆论给女性造成了很大的精神压力。

性侵给受害者所造成的心理创伤，就像一个潘多拉盒子，没有人知道从中会释放出什么能量。被强奸有可能会影响女孩对幸福和婚姻的追求。她们不能正常的恋爱和结婚，不能把自己和丈夫放在平等的位置，过于迁就和顺从丈夫，导致她们在婚姻关系中不能捍卫自己的权利。当遭遇丈夫的家暴或责骂时，她们认为因为自己受过侵害，所以丈夫才这样对待她们。她们不敢争取自己的合理权利，而这样的不平等关系往往会导致婚姻破裂。

被性侵的女性就不配拥有幸福的生活、不配拥有属于自己的一切吗？答案是否定的。我接触的一些被侵害的女性，很多能够进行自我调节，而且处理婚姻矛盾比较有智慧，她们同样可以找到珍惜自己的好男人。但为什么有些被侵害的女性会因此失掉自己的幸福呢？这是因为她们无法从伤害中走出来。一般来说，受到性暴力伤害后，女性要经历三个伤害层级（见图3-1）。

第三章
要正视自己：我依然是一个值得爱的好女孩

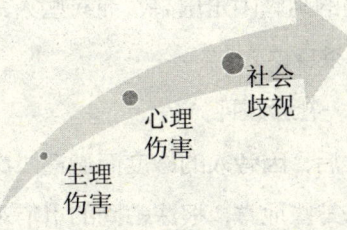

图 3-1　性暴力伤害的三个层级

第一层级——生理伤害

强奸的肢体暴力，会造成擦伤、瘀伤、撕裂伤以及器官损伤，还会造成性病，甚至会造成生育功能受损或者彻底丧失生育功能以及意外怀孕。很多女孩被强奸后，不敢到医院检查，怕检查出什么问题，怕被别人知道自己的秘密，甚至恐惧是否会染上性病或艾滋病。

第二层级——心理伤害

被强奸会给女性带来很大的恐惧感，没有安全感。其中最为严重的有两点：

一是不能正常与异性恋爱和结婚。被性侵的女性绝大部分会感到羞耻、自卑和恐惧，陷入自责的情绪中，不敢谈婚论嫁，怕对方知道后会看不起自己，会抛弃自己。性侵还造成女性对亲密接触的抵制，有些人可以正常谈恋爱和结婚，却没有得到对方的体谅和理解，最终分手或离婚。

二是不能给他人足够的信任。在遭受性侵之前，一些女孩是开朗、乐观、善于交际的，但性侵会让她们变得不愿和任何人来往，社交退缩会让本已受伤需要支持的她们，变得更加孤立无援。

有些人能够从性侵的阴影中走出来,而有些人却无法走出来,患上了抑郁症甚至自杀身亡。

第三个层级——社会歧视

在遭遇性侵之后,因旁人的态度而遭遇二次伤害是非常普遍的事情。特别是在某些地方,根深蒂固的贞节观念,对女性造成了严重的伤害。

我国传统观念认为,谈性是一件耻辱的事情。女性被侵害,会遭受社会的歧视,这是很多女性选择忍气吞声的原因。面对被性侵的人,周围的人不是同情和理解,而是指指点点,舆论对女孩的伤害远远比性侵事件本身对其的伤害大得多。而一些父母,在得知自己的孩子被性侵之后,不是呵护反而可能是打骂。

在国外,虽然也有很多人选择沉默,但若公开谈论自己遭遇性侵的经历被视为勇敢的行为,会受到支持和鼓励,公开经历后仍然能够过幸福的生活。她们的亲人或丈夫不会因此而歧视她们,反而会更加呵护她们。

"性是耻辱的,女性应该保持自己的贞洁,被强暴的女性自身也有错。"正是这些非议制约着女性的思想,钳制着她们的灵魂,让她们喘不过气来。因此,女性要想走出来阴影,就得明白自己是受害者,自己没有错,要相信即使遭遇性侵,自己还是好女人,依然值得拥有幸福和爱情。

实际上,很多女性要面对来自社会的歧视和压力,这些压力是对女性的二次心理伤害。这种心理上的伤害是最为可怕、最为持久的。身体的伤害是可以治愈的,但心理的伤害却很难恢复。

很多女性遭遇性侵后选择沉默,不敢报警,更不愿意接受心理治疗。这样做的后果,除了让犯罪分子逍遥法外,还会造成自己的心理创伤长时间不能治愈,一些人甚至走上了自杀的道路。

性侵所造成的多数心理疾病并不是很严重,只要采取合适的方法,多数可以得到较好的康复。现在有越来越多的人和团体关注遭遇性侵的人,通过"女童保护"、妇女维权站、计生协会等机构,均有机会获得帮助和支持。需要提醒的是,要选择那些有经验和爱心的心理咨询师,他们的支持和帮助能促进遭遇性侵的女性尽快恢复健康。

第二节 自我治疗,宽容自己

被性侵的女性,一旦被社会公开,会面临一些潜在的思想毒害,比如说"她默许了","她已经不是处女了","她渴望发生性关系","只有坏女孩才被强奸"等误解,这种误解会对女性以后的生活和工作带来非常大的负面影响。

社会观念对遭遇性侵害女性的影响常常来自以下三个方面(见图 3-2)。

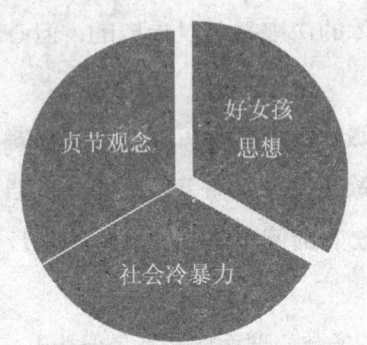

图 3-2 社会观念对遭遇性侵害女性的影响

1. 贞节观念

现代社会,对女性贞节的要求在逐渐降低和淡化,但是在很多人心中,贞节还是很重要的,尤其是经济和文化都不是很发达的地区。如果一个男性对爱情追求完美,那么对女性的要求就会更高,比如要求是处女。在我咨询的个案中,有些男性因为婚后知道妻子不是处女而耿耿于怀,并以此为借口发生外遇,甚至导致婚姻破裂。特别是在偏僻落后的地区,一些男女对贞操还是非常在意的。

我在给某大学上"婚恋指导课"时,询问他们对贞操观的看法,多数男生表示不会太在意妻子是否是处女,但还是有些男生坚持结婚要找处女。在一次深圳市计生协会组织的性教育论坛上,我们也与参会的未婚男性讨论,问他们是否在意对方是处女,其中一个男同志坚持要找处女结婚。由此也可以看出,还是有一些

人在意女性的贞操的。

---

2. 好女孩思想

没有了贞节的女孩就不是好女孩吗？显然不是，但在很多人的潜意识中，确实是这么认为的。这种思想对女孩的毒害非常大，给她们的压力也很大。一些性学家提出了性人权、性自由权、身体自由支配权等，他们认为每个人的身体是自己负责的，甚至婚后也是如此，但很多人对男女贞节的要求始终是两种标准。因此，一些女性由于遭遇性侵就被认为不是好女人，难以遇到珍惜她们的男人。

3. 社会冷暴力

可能女孩或者其另一半都不太看重女孩以前的经历，但社会的冷暴力却将这一事实加倍放大，从而给当事人带来非常大的羞耻感，甚至影响其以后的工作和生活。一些遭遇性侵的女性，认为自己不再是优秀的女人，从而不敢追求爱情。她们认为自己不再纯洁，并在精神上折磨自己。

其实，不管是贞节观念，还是坏女孩的观念，都来自社会舆论，只不过当女孩在思想上认可了之后，其就会成为伤害自己的匕首。有些女性不宽容自己，发生强奸事件后，常常责备自己，无法从自责中走出来，其实，人最应该宽容的就是自己。对于被性侵的女性来说，你没有错，不必用别人的错误惩罚自己一辈子，那才是对自己真正的伤害。要想获得别人的爱，首先我们要爱自己。

除此以外，给女性带来伤害的还有社会冷暴力。社会冷暴力，主要是通过社会渠道实施的暴力形式，其表现多是冷淡、轻视、放任、疏远和漠不关心，致使被侵害者精神上和心理上受到伤害。社会冷暴力其实是一种精神虐待，女性只有不断提高自己的修养，才能尽可能避免生活被冷暴力所破坏。

社会冷暴力包括四种：一是家庭冷暴力，即丈夫知道妻子被性侵后，所采取的交流减少，停止或敷衍性生活等行为；二是职场冷暴力，即冷落或者打击被性侵者，可能伴随着语言上的伤害；三是学校冷暴力，即同学疏远或者欺负被性侵者，不与其进行交流和合作；四是其他形式的冷暴力，普通民众对被性侵者不是同情和关心，而是冷漠和鄙视。

就性侵案中女性受到的伤害而言，第一次伤害的实施者是性侵者本人，第二次伤害的实施者就是当地民众，这是值得人们深思的。如果惩罚实施者，是维护法治正义的要求，那么对受害者的行为指指点点并以此为奇闻而津津乐道，就背离了良知与道德。社会应多些同情心和怜悯心，对受害者应当有最起码的尊重。

为什么民众会对受害者进行二次伤害呢？

一项心理学研究表明，人们接收到的信息具有死亡的意味时，他们会去责怪那些显然无辜的受害人，因为他们认为是这些无辜的受害人给自己带来了负面信息，让自己变得不安全。所以，当环境中存在让人恐惧的因素时，人们会更加努力去重建秩序，包括进一步去粉饰太平。

有一个理论叫做恐惧管理理论，也就是说当产生恐惧时，人们有自保的本能。所以在面对性侵或者死亡这样的潜在威胁时，人们会通过种种认知方法来帮助自己调整他人造成的焦虑感。其中之一，便是努力去遵循社会规则，以及更加严厉地对待那些打破规则的人。

性侵事件会给人们带来恐惧，挑战人们的自我认知，而个体往往倾向于认为自己是特别的，也就是常说的"没想到这种事也会发生在我身上"。人们经常认为，受害者的软弱导致了她们的遭遇，所以要严厉地对待挑战大众认知的人。

按照这种逻辑，责怪受害人能够缓解他们的恐惧，他们认为受到伤害的人是打破规则的人，比如说穿短裙的、在夜间出行的、喜欢打扮的。隐含的一个逻辑便是如果我不这样做，或者我教导我的孩子、亲人不这样做，我们便不会受到伤害。

改变旧有的观念，对于整个社会而言不是一朝一夕可以做到的，但对于个人而言容易得多。强奸犯扰乱的不仅是社会秩序，更是对女性权力和尊严的侵犯。女性朋友们首先需要从"自我"入手，进行自我救助，清楚自己是"受害者"，明白"事情已经发生，再自责也无济于事"，重要的是如何让自己振作起来，开始新的生活。

女性可以用"我是世界上独一无二的我，我爱自己，除了爱自己的优点外，也要包容自己不完美的地方"这样的话来自我安慰,让自己的心灵变得更加强大,使自己避免受到进一步的伤害。

第三节 在爱的港湾里寻求理解

家庭是爱的港湾,在女孩被侵害后,理应得到理解、帮助和拯救。然而,有时家庭成员本身又是强奸行为的实施者,在一些案例中,侵害者就是继父、哥哥等人。女孩天生有维护家庭名誉的心理,一旦遭受侵害,首先想到的是会不会给家庭带来伤害。其他人会怎么看待这个家庭,而家庭成员包括爸爸、妈妈、哥哥、姐姐等,是理解并帮助自己,还是冷眼伤害自己。实际上,很多受害人遭受过家庭的暴力和冷暴力。

如果女性遭遇家中亲人的性侵,那么在家庭中的处境是非常尴尬的,她们不但不会得到家庭的理解和同情,反而会受到再一次伤害。很多女性被强奸后选择不报案,不仅是为了维护自己的名誉,更是为了维护家庭的名誉。尤其是在遭遇亲生父亲强奸时,女孩往往为了维护家庭的稳定,不敢告诉母亲自己的遭遇。我接触到亲生父亲强奸女儿的案例中,她们都没有将此事告诉母亲。

她们对我说,担心母亲知道后会和父亲离婚,这样一来家里的弟弟妹妹,还有母亲的生活就没了保障。她们常常会选择辍学,

外出打工，远离父亲。由于年龄较小，她们又常常会成为不法分子伤害的对象，有的因为年幼没有知识和技能，甚至沦为性工作者。

一个健康美满的家庭是一个人安身立命的重要基础，对于被侵害者更是如此。当你看到一个女明星有绯闻，她的另一半马上出来支持她的时候，你就明白家庭对于一个人成功的重要性。没有了家庭的支持，一个人很容易倒下。

不管是在中国还是在西方国家，维护家庭和家族的荣誉都是非常主流的思想。如果一个人的思想伤害到家庭和家族的声誉，家庭和家族的当权者，就有可能采取一定的措施，强烈要求当事人按照家庭和家族的利益来选择自己的立场和行为。

很多时候，这种牺牲个体的利益，维护家庭和家族名誉的行为是值得提倡的，也起到积极的作用。但有时候，一些对当事人进行再次伤害和打击的行为，也会借助家庭和家族名誉这一借口。

一般来说，家庭冷暴力存在于夫妻之间。但研究发现，那些被性侵的女孩，在相当长的时间内，会面临家庭冷暴力的影响，并且只能默默地忍受，从而对身心造成很大的伤害。

家庭暴力是当父母得知自己的女儿被性侵之后，怨恨她没有很好地保护自己，没有听从父母的话，而采取的肢体打击。一般表现为轻视、疏远和漠不关心，给受害者带来了很大的心理压力和伤害。

很多女孩被家庭成员强奸后，害怕遭到成员的再次打击，尤其害怕自身行为和经济受到影响,遭到控制,所以选择不报案。

来自家庭的不理解和冷暴力,是女孩被性侵之后最为害怕的。只要有家庭的理解和帮助,女孩就会感到温暖和安慰。家庭造成的巨大伤害,会让当事人崩溃,一些人要么选择轻生,要么走上自甘堕落的道路。

作为受害女性,要在家庭里寻找关爱,而父母作为子女的法定监护人,对子女负有不可推卸的抚养、教育的责任。父母应当从精神上、物质上、经济上对子女尽养育和照顾之责,这种养育和照顾是子女生存、成长的基本保障,缺少了这种保障,子女是不可能健康成长的。

父母对子女的养育义务是无条件的。《婚姻法》第二十一条规定:"父母不履行抚养义务时,未成年的或不能独立生活的子女,有要求父母付抚养费的权利。"父母遗弃家庭成员,如果遗弃行为严重的,构成犯罪的,会被处以两年以下有期徒刑、拘役或者管制。

在我国,一般家庭都是母亲负责养育子女,所以母亲的责任和对子女的影响是非常大的。同是女性,母亲和女儿天然有着心有灵犀。女儿的很多心事,母亲也能第一时间发现和警觉。所以,如果女孩遭遇性侵,母亲第一时间发挥的作用也就更大。

如果家庭成员是侵害行为的实施者,母亲会起到很大的保护作用。在这样的家庭中,一旦没有了母亲的支持,女儿就会孤立无援,从而只能逆来顺受。母爱是伟大的,母亲对子女的呵护和关爱是无条件的。对于被侵害的女孩来说,母爱的伟大之处显露无遗,如果获得了母亲的支持和理解,有助于女孩从被伤害的阴影中走出来。

家庭对孩子的影响,无论是正面的还是负面的,都将伴随孩子的一生。不同的家庭教育会对孩子产生不同的影响。目前,家庭教育在性教育方面发挥的作用,应该说非常不到位,表现在没有家庭性教育,尤其是没有性暴力的安全和防范教育。

家庭性教育对女孩以后的安全和恋爱可以起到非常好的作用,但很多家庭碍于面子,认为父母给女儿做性教育,有点儿尴尬,于是干脆不给子女做性教育;还有一种就是父母文化水平低,尤其是农村和边远地区,父母根本就不了解家庭性教育,所以孩子的性教育处于严重缺失的状态。

女孩被强暴后,能不能获得家庭的理解和支持,能不能在家庭这一关获得解脱的力量,是女孩走向自我疗愈的关键一步。如果一个女孩的家庭氛围健康积极,女孩就不会受到很大的伤害,相反,受到的伤害可能就会非常大。

第四节　不容忽视的校园性侵

根据一个未成年人研究机构多年来对新闻报道的整理发现,在几百例强奸案中,校园强奸占据了近20%,农村的校园强奸更是高达60%,侵害者以老师和校长居多,约占70%。校园性侵害呈明显增长趋势的同时，也有低龄化的现象，幼童更容易成为受侵害的对象。

类似教师强奸学生的案例，很多学校为了整体利益，往往选择不报案，因为报案会影响学校的招生和声誉，他们常常愿意私了或不处分强奸犯。在我咨询的个案中，几乎只要是牵涉到老师强奸的，都没有报案。一方面，有些学生因担心报案后遭遇二次伤害，所以选择不报案；另一方面，学校为了维护学校的利益，也不会报案。

某男教师长期强奸本校一名女生，因被强奸的女生总是神情恍惚，被班主任发现。在班主任的一再追问下女生只好说出实情。于是该班主任将此事汇报给了学校。校方向女生了解了事情的经过，但并不打算报案，并问女生有什么要求，女生也担心事情传出去自己丢脸，只要求不要上那个男教师的课，因为只要看到他，她就会很痛苦。学校尊重女生的意见，仅仅将那个任课教师换了一个班级，并未对那个男教师做出任何处理。

在被性暴力伤害后，女生非常害怕被社会曝光，她们往往本能地选择沉默。学校、老师、同学们的错误态度和做法，会让事情进一步恶化。我咨询过的案例中，就有这样一个案例。

一个15岁女生遭遇三个青年轮奸。我希望她报案，但她告诉我，在他们村里遭遇强奸的女生很多。学校和家长知道后，都会

选择私了。通常强奸犯会给女生几百元赔偿了事。所以,绝大多数女生遭遇强奸后,宁可自己默默承受,即使怀孕偷偷去做人流,也不会告诉家人和学校。因为告诉家人和学校后,强奸犯并不会得到惩罚,反而闹得满城风雨,导致女孩无法做人,将来找对象都很困难。

对于女孩来说,之所以不敢声张,是因为压力太大。老师基本是和学校站在一起的。除此以外,还有来自同学的压力,同学们在得知某女生被强奸之后,会在潜意识中认为,这个人的人品和作风有问题,她可能不是一个好女孩,从而选择保持距离。没有朋友和同学的关心,受害人的心理会受到很大伤害,甚至因此做出极端的自杀行为。

学校和老师的压力、转学甚至是退学的压力、同学们疏远的压力,会让女孩们选择妥协和退让,以求明哲保身。这就是校园性侵和性暴力不断蔓延,甚至出现愈演愈烈之势的原因。总结出来,主要表现如下(见图3-3)。

图3-3 校园性暴力不断蔓延的四个原因

1. 受害人回避

在社会上,大家都认为被性侵是一种耻辱,在学校里面也是如此。受害学生害怕招致别人指责"行为不检点",所以集体"失语"。但社会的大环境和氛围,本应是鼓励受害者站出来,不要做沉默的羔羊、任人欺凌,而要大胆指认施侵者,让他们得到应有的惩处的。

受害学生年龄小,没有什么经验和阅历,女孩胆子又比较小。关键是她们在学校是弱势群体,校长、教授、老师等,地位上都比她们"大",在教学和行政资源方面,明显有掌控学生的权力。

教师本来是一个神圣的职业,现在地位却在不断下降,不能不令人担忧。教师的师德非常重要,不仅仅是教授一点儿知识就可以,对那些品行不良的老师,学校应该坚决惩处,对那些不收敛的就要开除,而不是调到其他部门。

2. 学校不作为

学校一旦发生强奸事件,不管强奸发生的缘由如何,学校为了维护声誉,都会倾向于选择包庇丑闻,包庇施害者,并劝受害人同意私下里和解。

一些学校甚至同意给受害人一些钱财或者其他利益,让其转学或者退学,使得受害人的处境更加恶劣,处于孤立无援的境地。这样看来,学校明显不是学生的保护者,更多时候充当了犯罪嫌疑人的帮兄。

2014年,哈佛大学设立了反性侵机构,调查学生有关性问题的投诉,并向本校教育法第九修正案的协调员报告,该机构的报告包括调查结果和措施建议。这一做法显示了美国大学正在着手应对外界对于大学校园"强奸文化"的普遍担忧。

但因其拘泥于传统的"陌生人强奸"理论,在防范这类问题上仅仅只是针对陌生人采取了某些措施,比如铺设路灯避免"黑灯瞎火",派遣保安避免"人迹罕至",安置报警警铃热线防范"陌生人",对于熟人强奸则缺乏应对措施。

3. 缺乏性教育

频发的校园性暴力,拷问着学校的性教育。受传统观念的影响,学校的性教育,尤其是性暴力防范教育,处于盲点或者严重不足的境地,青少年通过正规途径受到的性教育少得可怜,培养儿童性心理更成了空白,使得学生只能通过网络、媒体等途径自我探索。而网络信息常常充满了色情味,一些不良的信息很可能会误导学生。

关于性教育的教材也很少或者没有,尤其是农村地区,更需要普及儿童防性侵的教案和教材,提高农村留守儿童及其家长防性侵意识。一些政协委员曾提案,将儿童性安全教育纳入义务教育,制定相应的教材,完善相关的法律,加强对未成年人性侵受害者的援助能力。

2017年3月4日,北京师范大学儿童性教育课题组写了一篇

《对＜珍爱生命——小学生性健康教育读本＞引发讨论的回应》。这套小学生性教育的教材，在社会上引起了很大的反响。这篇文章从几个方面回应了大家对于该读本提出的一些问题，并对网友认为有些教育内容比较敏感做出了回应。从对这套小学生性教育教材的讨论和关注也可以看出，我们的社会已经开始将性教育纳入到学校教育体系中。我相信，这将有利于小学生身心的健康成长，甚至从人的一生来说，这都是一件非常有意义的事。动物世界，往往都是围绕着争夺食物和交配权而学习生存的策略，它们常常通过模仿学习，而人类却可以通过教育进行知识的传播。所以，我认为这套教材的出版和纳入到九年义务教学中，是十分必要也是非常有意义的一件事。

有些性侵案的罪犯，是因性教育缺失和滞后走上犯罪之路的。他们在青春期时严重缺乏正规的性教育，这使得他们的性价值取向在萌动期即出现偏差，对于性欲望缺乏自制力。青春期男性的性能量巨大，如果缺乏正确的引导或没有培养他们管理性欲望的能力，那么他们就会任由性能量控制自己，最终可能做出伤人害己的行为。对于受害人，由于性教育的缺失，让她们不懂得抗拒与防范性侵害，不懂得自我保护，从而成为受侵害的对象。

4. 法律不完善

法律不完善，尤其是在受性侵未成年人的法律保护方面存在漏洞，致使受害人获得法律援助很困难。在对受性侵未成年人的法律保护中，不包括受非议的"嫖宿幼女罪"，其他方面也存在很多疏漏和自相矛盾的地方。

对受性侵未成年人的特别保护几乎不覆盖14至18岁的未成年人；长辈、教师等特殊职责人员引诱、容留、介绍、协助他人对未成年人的性侵行为不属于"从严"、"从重"的量刑范畴。

被性侵后，受害学生一般有以下三种途径来解决事件：私下和解、向相关教育部门举报、通过法律途径起诉。通过第一种途径，成功的话可能得到一笔赔偿，但不成功的概率也非常大，还会不断地遭到心理上的伤害。而实际上，很多强奸案件是没有和解的可能性的。第二种途径，如果向学校的上级教育部门举报，则会整治该学校，教育部固然会强力干预迫使学校全面整改，但受害者却可能无法获取赔偿。第三种途径，学校也可能会庭外和解息事宁人，更重要的是私人诉讼获赔的标准和难度会让受害者望而却步。

有一次，我到某小学开展留守女童性教育的讲座，并进行了一项问卷调查。我在看问卷调查时，发现一个9岁的女生说遭遇了男老师的性侵。于是，我将此事告诉了有关部门。没想到，这个学校因此将我列入黑名单，不再允许我进学校给学生开展性教育的讲座。因为有关部门得知他们学校发生强奸案后，批评了当地的妇联和学校。该学校方面说，我没去他们学校前，他们年年被上级表扬，我去了之后却受到了批评。

学校是学生主要的活动场所,学生除了在家里,就是在学校时间最长,但因为有些学校不作为,教育不到位,职责人员的犯罪现象日益高发,让学生面临着更加严重的困境。学校显然已经不是防范性暴力犯罪的保护者,家长必须认清这一点,加强对自己子女的性教育。

第五节　给受害人更宽容的社会环境

日渐开放的社会氛围提高了女性的地位,但由于传统落后思想的影响,对被强奸的女性另类看待的现象依然非常严重。为什么那么多的女性在被强奸后,选择沉默和不报案呢?因为她们害怕来自社会的种种压力,包括舆论在内,表面上支持受害者,但实际上却是在对受害者进行二次伤害,不得不说这是非常值得深思的问题。

有些女孩虽然非常优秀,但如果曾经遭遇性侵的消息被传播,熟悉的人往往不愿意娶她。因此,我们希望男人树立正确的爱情观、家庭观,不要被传统礼教和贞操观所影响。在这一点上中西方文化有很大差异。

小丽的父亲患有精神分裂症,小丽的母亲因不堪忍受父亲的折磨和家庭的贫困,离开这个家再也没有回来。失去了母亲的保

护，姐姐成了小丽唯一的依靠。

有一天，姐姐不在家，小丽被父亲强奸了。恐惧和害怕让小丽乞求比她大两岁的姐姐带她离开这个家。那年姐姐15岁，小丽13岁。她们离开家后，因为没有技能，年龄又小，最后只好在发廊工作，并从事性服务。

小丽长大后一直渴望有一个真正爱她的人带她离开这里。虽然有一些男人同情小丽，但没有一个人愿意和她结婚。直到她遇到一个德国小伙子约翰。约翰研究生毕业后，在2008年世博会期间来中国从事研究工作。他知道了小丽的遭遇，并爱上了这个单纯可爱的女孩，约翰没有歧视小丽，并把小丽的遭遇告诉了他的父母，他的父母也没有歧视小丽。

22岁那年，小丽去了德国，和约翰结婚了。他们的婚姻得到了约翰家人的祝福。小丽如今已经35岁了，她告诉我，在中国，虽然很多男人说爱她，但因为她的遭遇，没有一个人愿意娶她。但约翰，却一点儿也没有嫌弃她。和约翰结婚后，小丽生了一双儿女，他们的日子过得很幸福。

这个故事给我的感触很深。就如变性舞蹈家金星，如果在中国，会有男人真心爱她吗？我想很难。这也许就是文化带给我们的差异。

女性在被强奸后，通常面临的困境有以下几个方面（见图3-4）。

图 3-4 被强奸女性面临的社会困境

1. 不平等的性别关系

虽然近几十年来,一直在宣传男女平等,但男尊女卑的思想仍不在少数。社会对女性的要求远远胜过对男性的要求。这与传统文化教育有关,虽然如今女性的地位逐渐提升,但在一个男性权力主导的社会,女性仍然是弱势的一方。

就如三八妇女节的提出,是为了追求男女平等,但要真正做到男女平等,这条路还很漫长。正因为男女无法真正的平等,所以当女性遭遇强暴后,往往不敢通过法律等途径保护自己,很多女性担心一旦遭遇性侵的事件曝光,对她们未来的婚姻将产生不良影响,甚至遭到歧视或其他不公平的待遇。

2. 知识生产体系的缺陷

很多时候,媒体宣传看似在帮助女性说话,但实际上却起到了反作用。这种知识生产体系依旧是站在男权的角度上进行的,比如对强奸案件的报道,不管是写的人还是看的人,都是以猎奇的角度来进行的，看似是在否定罪犯，客观上却起到了相反的效果。

当一件强奸案发生之后，人们首先想到的是女性有没有不检点的行为；其次是女性应该怎样做，才能不被强奸；而施害者常常被放到无足轻重的位置。因此，媒体报道后，常常会对受害的女性产生一些负面影响，甚至影响她们未来的婚姻和生活。

3. 优越和嫉妒的心理

强奸事件发生后，人们往往抱着猎奇的心理，指责大于同情，疏远大于拯救。为什么人们表现得这么冷漠和残忍呢？

心理学认为，人都有自私的一面，其光明和正义的一面没有得到激发，而天生的优越和嫉妒心理，使其感到自己比受害人强很多，于是从居高临下的角度看待这件事情，自然同情心就少了，更有甚者会做出再次伤害受害人的事情。

还有旁观者效应，这是一种社会心理学现象，指有他人在场而没有对受害者提供帮助的情况。救助行为出现的可能性与在场旁观人数成反比，即旁观人数越多，救助行为出现的可能性就越小。

人们在小概率事件的影响下，总认为强奸是一个发生率非常低的事件，一旦发生往往就下意识地认为，当事人是不是有什么不检点的行为，而且当受害人非常漂亮的时候，一些女性甚至会产生嫉妒的心理，认为其活该。

深挖强奸女性的社会因素时，你会发现，很多东西并不像表面看上去那么光鲜美好，不管是媒体宣传还是大众观点，都存在着各种似是而非，甚至是颠倒黑白的现象。施害者逍遥法外，没人声讨；受害人遭到再次伤害，没人同情。人们之所以会有这样的心理，是因为强奸事件发生之后，社会舆论会在潜意识中，有一个很明显的对比，表现如下（见图3-5）。

图3-5 人们对强奸的态度

1. 对犯罪分子很宽容

女性被强奸后多选择不报案，即使报了案也可能抓不到犯罪分子，即使抓到了犯罪分子惩罚得也很轻。大众对此表现的不是不能忍受，反而是常主动这样做。比如，学校发生强奸案件后，校方主动要求和女孩和解，并劝其转学。对犯罪分子的宽容就是姑息养奸，道理谁都明白，但对于强奸，大众明显存在矛盾心理，虽然都承认不是好事，但并没有认为它有多么严重。

一个53岁的妇女带着两个外孙一起生活。一天夜里，一个男人爬窗进入她的房间，想要强奸她。她拼命反抗，并打开灯，大声

呼救。男子关了灯，用刀砍伤她后爬窗逃跑了。她右侧的脸被整块砍下，三节手指被砍断。她让外孙去向邻居求助，最后虽然生命保住了，但她却陷入极度抑郁之中。咨询时，她告诉我，因为生育了四个女儿，没有儿子，她一直被村里人看不起。等到几个女儿出嫁，她们的日子好起来时，丈夫又因病过世。没想到，现在又遭遇这样的事。我问她，如果知道罪犯带着刀，还会反抗吗？她说不会。不反抗至少不用像现在这样成为残疾人。而且，过去还能帮女儿带外孙，现在外孙看到她都害怕。村里人也对此议论纷纷，什么难听的话都有，还有人说她可能和那个罪犯有奸情。如果不是家人一直开导她，她真的不想活了。至今事情已经过去半年了，犯罪分子还逍遥法外。没有人去谴责那个罪犯，反而很多人像看笑话一样，嘲笑她这么老了还差点被强奸，说那个罪犯真傻，怎么挑选她这么老的人。

---

2. 对受害人非常严格

强奸事件发生后，往往会出现一个现象，大众与对犯罪分子的宽容截然相反的，是对受害人非常严格。拷问受害人：你的行为是不是不检点？你的穿着是不是过于暴露？你和犯罪分子之前是不是认识？是不是存在暧昧关系？……如果有这样的事实，大众就会认为这样的人被强奸是罪有应得的，被强奸了活该。所以才有那么多人，要求女性在行为上采取更加有效的措施，以保护自己。

身为受害女性，当你知道外界伤害你的根源后，就不会错误地认为"我是一切错误的根源"，就会明白这是对方的过错，你是无辜的。不要受害后，再继续伤害自己，只有这样，你才能够把对自己的伤害降到最低，尽快走出心理阴影，开始新生活。

第四章 重视性教育：让花蕾健康绚烂地绽放

在当前社会，基本一致的观点是，家庭是性教育的主要场所，尤其是对未成年人的性教育。家庭性教育，就是努力为孩子提供一个好的环境，按照孩子身心发育的阶段，让其树立正确的性意识、获得科学的性知识、形成健全的性心理。尤其是在防范侵犯方面，家长要把科学的性知识和防范措施告诉孩子。教育她们分辨自己所处的环境，用恰当的方式拒绝危险的性行为，以达到保护自己的目的。

进行性教育的年龄并没有统一的规定,一般在孩子能听懂大人讲的话,能说出性器官的名称时,就可以讲了。我们认为在幼儿园就可以告诉孩子身体是自己的,有些部位是不允许别人触碰的。有些家长认为性教育在青春期进行比较合适,但我认为这太晚了。

对于不同年龄的孩子,要给予不同的性教育知识。一般来说,儿童性教育分为四个阶段(见图4-1)。

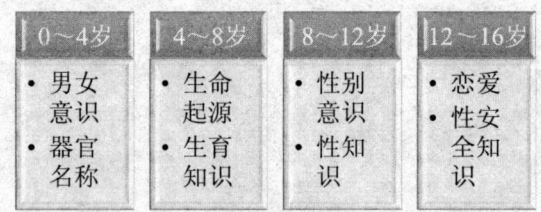

图4-1　性教育的阶段划分

第一个阶段是0～4岁,这个阶段是身体认知阶段,孩子大多询问的是男女区别、身体器官的名称以及区别等问题。

第二个阶段是4～8岁,这个阶段是生命起源阶段,孩子大多询问的是生命起源以及与生育有关的问题。

第三个阶段是8～12岁,这个阶段是性知识阶段,这个时期孩子有了较强的性别意识,需要了解的内容很多,与性有关的问题都在其中。

第四个阶段是12～16岁,这个阶段是爱的教育阶段,孩子大多会询问与爱情、婚姻、性相关的问题,他们已经渴望并准备恋爱了。

不同的年龄段,给孩子讲不同的内容,以孩子的需求和提问为主。如当孩子问我们他/她是从哪里来时，我们就可以大方地和孩子谈性方面的问题，并以孩子能听懂的语言讲解。现在有很多关于性教育的书，在孩子年幼时，可以选择一些图文并茂的书，孩子能看懂，也容易明白。等孩子大一些，也可以和孩子一起去新华书店，共同挑选孩子愿意看的性教育方面的书籍。

第一节　学龄前，让孩子拒绝他人触摸其隐私部位

某城市的统计显示，在所有性侵儿童的案件中，学龄前儿童占到七成。性侵害学生案的隐案率是1∶7，即如果有1起性侵案暴露，就有7起不被人所知。学龄前儿童抵御伤害的能力小，防范意识尤其薄弱，又因为年龄太小，性教育不被家长重视。

教师侵害学生的案件也时有发生，尽管占总案件的比例尚未完全统计，但因其具有隐蔽性、长期性，危害极其严重。个别罪犯利用教师职业的特殊性与工作之便，假借身体检查、学习辅导等名义趁机对儿童下手。

儿童对性的好奇决定了他们需要性教育。性教育是家长们不得不做的功课，儿童在探索自己的身体时会提出很多问题，他们有权利获得正确的答案。家长必须回答孩子的问题，必须尽可能给孩子正确的答案，并用孩子的思维方式理解孩子，表达给孩子听。家长可以从以下几方面对孩子进行教育：

1. 引导孩子明确自己的性别

要正确回答孩子的问题，不哄骗他们。比如"我是怎么生出来的？"这是每个孩子都会问的问题，可是父母的答案往往是："捡来的"、"石头里蹦出来的"、"领来的"；或斥责他们"讨厌"、"再瞎问就揍你"。其实，面对这个问题，家长最好点到为止，把性交的概念和有关生育的基本知识用孩子能听懂和可以接受的语言告诉他们，而不是刻意回避。

年幼时母亲告诉我，我是从垃圾桶里捡来的，又说是从腋下取出来的，我信以为真。此后，由于家境困难，加上母亲的教育方式也有不当之处，我就真的认为自己不是母亲亲生的。大哥结婚后，大嫂怀孕，我认为生孩子是从腋下生的。看到大哥大嫂在公开场合手牵手，我认为这会导致怀孕，并认为他们的行为很恶心。孩子年幼时，相信父母所说的一切都是真的。这导致我直到成年恋爱后，对性等方面的知识都一无所知，而那时学校也缺乏性教育，我也无法获得有关的书籍。

---

2. 性器官的教育

孩子对性的探索，首先是对性器官的探索，所以性器官教育是性教育的第一课。这时可以通过图片等形式让孩子了解性器官和生命的来源，同时还要教育孩子养成良好的卫生习惯。

3. 儿童性行为问题

心理学研究发现，儿童在 3 岁左右就会产生对异性爱恋的意识和行为。在儿童中玩弄生殖器的现象十分常见，尤其是男孩子。

相互拥抱、赠送礼物等，都表现了一定的性意识。从很多情况来看，这些行为不仅包含着性意识，而且和青春期以后对异性的行为相差无几。这时家长需要根据实际情况，有针对性地开展教育。

我在少年宫的一次讲座结束后，一位母亲留下来告诉我，她 8 岁的女儿经常在桌子旁边摩擦下身。她发现后，女儿常常躲避她的目光，她也不敢过问。我提醒她，一方面，可能她的女儿开始有了自慰的习惯，因为摩擦阴蒂附近的部位会让女孩感觉舒服。常常有小女孩在无意间摩擦到阴蒂附近的部位产生愉悦感，便时常这样做。另一方面，也可能她遭遇了性侵或猥亵。因为，某些行为会给她带来愉悦感，她就会模仿这些行为。虽然到青春期男孩女孩才会有性欲，但此前触碰其隐私部位，也会给他们带来愉悦感。比如一些小男孩经常抚摸自己的阴茎，就是因为这会带给他们舒服的感觉。所以，家长要心平气和地问孩子发生了什么事情，一定不要责骂孩子，否则会引起他们的恐慌，进而不敢和家长说真话。如果家长不太善于和孩子交流，也可以请专业的心理咨询师和孩子交谈。如今，妇女维权站或女童保护组织都有心理咨询师志愿者队伍，他们可以提供免费的帮助。

---

4. 交往的注意事项

告诉孩子,不要和陌生人来往,不接受陌生人的礼物等。在和熟人的交往中,也要注意不要有过于亲密的行为,比如拥抱、接吻等。告诉孩子身体的哪些部位其他人不可以碰,当有人触摸自己的身体,尤其是隐私部位的时候,要及时告诉家长,并远离这些人。

5. 防范性侵害的知识

告诉孩子,任何人在没有获得家长的许可的情况下都不可以观察和触摸他(她)的隐私部位,如果某人强行触摸他(她)的隐私部位并要他(她)保守秘密时,一定要告诉家长。

还要提一点,当孩子提出关于性方面的问题时,家长既不要回避,也不要惊慌,更不能说谎,要用科学的态度和孩子能够接受和理解的方式和语言,爽快地、正确地回答孩子的提问,满足他们的好奇心和求知欲。从正当的渠道获得科学的性知识,建立对性的正确看法和认识,孩子的身心发展更加有利。

第二节 小学时期,教孩子识别性侵信号和自我保护

这几年,小学老师性侵学生的案件大大增加,不得不引人反思。从媒体报道的案件统计来看,小学生和初中生被性侵占据了

所有性侵案件的一大部分。原来令人敬仰的人民教师，竟然成为侵害无辜女孩的畜生，巨大的反差震撼着国人。

在我接触的个案中，小学高年级的女生遭遇男教师猥亵或强奸的个案较多。这些老师往往利用学生对他们的信任和恐惧肆意妄为，而学生却不敢将此事告诉家人或学校，这导致他们作案后很少受到惩罚，所以胆子也越来越大。媒体曝光的通常是已经造成非常恶劣影响的案件，比如女童因为怀孕被家长发现后报案。很多案例中的受害人并没有报案，所以这些老师常常不是只对一个女童下手，他们往往会对不同的女学生作案。

一个女生，在小学三年级时被她的班主任强奸。直到女孩18岁听了我的讲座后才来咨询。她说第一次是放学后，她和几个女同学一起扫地，后来其他同学走了，老师让她留下来，就在教室里强奸了她，并威胁她不能告诉家里人。她说，现在放假回到村里，她还会遇到那个老师。她觉得很恶心，经常绕道躲开他。可以猜想，她的那个小学班主任也许强奸的不仅仅是她一个女生。

教师的职业早就变得不再神圣，家长不要总把老师当作圣人来看待，不要觉得老师的道德都是很高尚的，是不会做出什么禽兽的事情来的。当老师的举动有些奇怪，令孩子感到不安和害怕的时候，就要引起注意了。

老师性侵小学生，往往不是针对一个人，其危害性是巨大的，且具有隐蔽性和长期性的特点。这里要提醒留守女童的家人，爷爷奶奶因为年事已高，难以觉察到孩子的身心变化，这些孩子常常成为犯罪分子猥亵或性侵的对象。特别是缺乏必要的性教育，一旦受到性侵，她们不懂也不知该怎么办。因此，留守女童遭遇性侵的案例在逐年递增，这需要引起我们的重视，而家长也要尽量创造条件让孩子随自己生活。

"女童保护"在2015年对4719名学生（其中男生2170名，女生2549名）进行了随机调查，发现不仅儿童性教育缺乏，家长对性的知识往往也认识不清或者不到位，主要问题如下（见图4-2）。

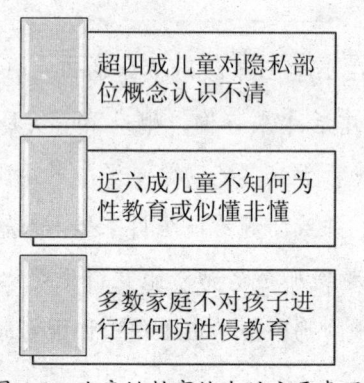

图4-2 儿童性教育缺失的主要表现

1. 超四成儿童对隐私部位概念认识不清

调查结果显示：39%的学生知道内裤保护的部位是隐私部位，23%的学生知道胸部也是隐私部位，22%的人认为手、脸、嘴巴、头发也是隐私部位，合计共超过四成的儿童对隐私部位的概念认识不清甚至不知道。

5%的学生有过被异性脱衣服或者被触摸隐私部位的经历，6%的学生表示经常受到这样的侵害行为；7%的学生被人强迫或引诱触摸对方的隐私部位；6%的学生遇到过异性老师或者同学把自己单独留在教室或宿舍，强迫自己与其发生一些令人不舒服的行为。

2. 近六成儿童不知性教育是什么

目前，我国义务教育小学阶段的防性侵教育存在普遍缺失的问题。据"女童保护"统计，仅有44%的孩子知道什么是性教育，23%的孩子不知道什么是性教育，33%的孩子选择"似懂非懂"（知道一点点）。

在性教育的渠道选择上，34%的孩子希望通过家长接受性教育，30%的孩子希望通过学校或老师接受性教育，12%的孩子希望通过画册、书籍等资料接受性教育，12%的孩子希望通过伙伴接受性教育，12%的孩子希望通过网络接受性教育。由此可见，孩子对家庭性教育是有期待的。

3. 多数家庭不对孩子进行任何防性侵教育

当被问及"生活周边有无发生过或听说过儿童遭遇性侵害"的问题时，61%的家长表示没有听说过，15%的家长表示听说过，12%的家长表示不了解，12%的家长表示身边发生过。59%的受访家长表示对孩子身边的成年异性角色不太了解，12%的家长表示不了解，仅有29%的家长表示了解。

39%的家长从未向孩子讲过预防性侵害的知识。家长不对孩子进行性教育的原因由高到低依次是："认为孩子还小"（42%），"想教育但不知如何开口"（29%），"认为学校会教育"（17%），"怕教坏孩子"（8%），"害羞"（4%）。家长不支持学校对孩子进行性教育的原因：53%的家长认为没到时候，26%的家长认为怕教坏孩子，21%的家长则认为不应该公开谈论"性"。

大部分孩子在五六年级或初一时进入发育期，女孩出现初潮，男孩第一次遗精。此时的发育知识，是为进入青春期所做的准备。父母可以告诉孩子月经、受精、性交、怀孕、避孕等生殖健康知识，而且无论男孩女孩都要了解避孕的知识。家长要告诉孩子，性行为是成年以后才可以有的行为，男女的结合可以生育和繁衍后代。但也要提醒他们，虽然随着青春期的来临，他们有了生育能力，但并不具备抚养孩子成人的条件，所以，要学会管理自己的性欲望，增强自制力，不要轻率地发生性行为。

另外，还要大大方方地告诉他们，性是一件美妙的事情，如果能以爱情为基础，在双方自愿、能为对方负责任的条件下发生，会带给自己美好的感觉。同时教他们识别性侵信号，比如：有人对你做出让你不舒服的身体接触；有人给你礼物和钱，要求抱你或摸你，对你过分亲热；有客人来家里，趁爸爸妈妈不在身边想摸你的隐私部位；有人要你摸他／她的隐私部位；和老师单独待在一起，对方要求摸你的隐私部位等等。当孩子遇到这类事情时，一定要学会拒绝，然后跑到人多的地方，保护好自己，这样能把孩子遭受侵害的几率降到最低。

除此以外,父母还要告诉孩子,即使最坏的事情发生了,也不是孩子的错,一定要勇敢寻求帮助,并让孩子知道,发生任何事情,爸爸妈妈都会爱他(她)、帮助他(她)。要告诉他们,需要防范熟悉的人,当熟悉的人出现明显的性侵信号的时候,要及时自救,并告诉父母,采取一定的保护措施,终止侵害行为。

最后还要提醒孩子,在遭遇性侵时,首先要保证生命安全,生命第一,不要为了保护钱财、身体而盲目地和犯罪分子对抗。在无法获救时,钱财可以给犯罪分子,必要时身体也可以给他们。尽量记住犯罪分子的特征,事后告诉家人,尽早报案。但在面对犯罪分子时,一定不要说"我记住了你的长相,我不会放过你"之类的话,因为这可能会刺激他们杀人灭口。

第三节 初中时期,让孩子知道避孕常识

研究发现,14岁左右是性暴力犯罪的一个高峰期,这个时间段正好是学生进入初中以后。初中生的身体发育已经基本完成,在很多方面表现出成年人的特征。日渐复杂的社会环境,不但熟人作案高发,陌生人强奸以及一些具有黑社会色彩的人员和组织,也将他们作为了施暴对象。

初中生强奸事件高发,必须引起家长的注意。家长在孩子

性教育、性安全、交友等方面都要高度关注，一旦发现孩子有什么不轨的行动，就要加以制止。现代社会，越来越多的孩子利用QQ、微信与陌生人聊天、见面，最初只是网络交友，但最后却可能演变成强奸案，这也需要引起我们的关注。

初中生的性行为

通过研究发现，初中生的性行为表现，已经是非常普遍的现象，主要体现在以下几个方面。

语言方面，以色情语言缓解性压力。初中学生之间在语言交流中夹杂着不少与性有关的词语内容，如"强奸"一词的出现频率非常高，男女同学之间开玩笑、打闹、嬉戏时的语言中出现较多与性有关的物品名称甚至色情类语言。

身体方面，男女之间的亲密接触增多。初中班级中常常会起哄某一对男女同学；也有一小群男女同学亲密地出入一些公共场所，这一时期学生中的恋爱现象已经存在。

性行为方面，主动接受性感觉。手淫开始成为初中生缓解性压力的重要途径，他们还接受各种性刺激，如玩弄异性物品。有的男孩玩弄安全套、胸罩等物品；有的初中生观看色情影片，甚至有自慰器；个别初中生甚至会出入一些色情场所。一些男女同学发展为恋爱关系，并有了初步的性经验。

初中生的性心理

初中生正处在身体生长发育的"第二个高峰期"，随着身体发生了巨大的变化，鲜明的性别特征开始表现出来。初中生的第二性征发育明显，性意识迅猛觉醒，从而进入性的活跃期。初中生性心理的发展大体可分为三个阶段（见图 4-3）。

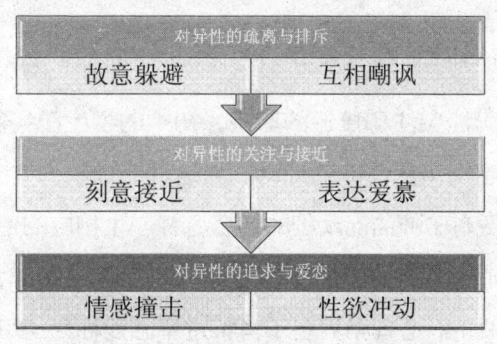

图 4-3　初中生的三个性心理发展阶段

1. 对异性的疏离与排斥

这是一段短暂的、引发日后对异性兴趣与爱恋的前奏。这一阶段主要出现在中学低年级，一些人会提前到小学高年级。青春初期，由于对第二性征发育的不安和烦恼，一些学生会对异性有意疏远，常表现为不愿与异性同座，在活动中躲避与异性接触，对比较亲近的男女同学进行嘲讽等。不过，这仅仅是不安和羞涩的表现而已。

2. 对异性的关注与接近

经过疏远与排斥之后，是渐浓的关注与接近。很多人会刻意打扮自己，并以各种理由接近异性。大胆者会从眉目传情发展到写纸条，向异性写信示爱。初中生正处于钟情、思春的朦胧状态，其对异性的关注具有明显的好奇性、试验性、模仿性和盲目性，其交往指向多是泛泛的，大多因为互相有好感自然吸引。

3. 对异性的追求与爱恋

随着对异性关注和接近的增多，初中的学生已经能感受到异性吸引的情感撞击和性欲的冲动。当这种心理较为专一地指向某一异性时，便有了纯洁而幼稚的初恋，并产生相应的追求行为。

初恋的心理错综复杂，既有欢乐喜悦、痴迷陶醉，也有羞涩不安、疑惑戒备。心理学界已不再将过早恋爱称为"早恋"，而是从人性发展的角度称为"早练"，即练习和异性交往。虽不反对，但也不提倡。毕竟初中生思想不成熟，情绪波动大，情感不稳定，容易变化，过早恋爱既影响学习，又由于感情变化大，容易分手，甚至会因为好奇导致性行为或怀孕。

警惕网络聊天、交友

随着网络的普及，青少年的观念和交友越来越多地受到网络的影响。随着移动互联网的兴起，人们可以随时随地上网，不再受空间和距离的限制。研究表明，与十年前相比，现在男女学生上色情网站、看色情影碟的人数成倍增长，这对他们的心理无疑会产生不良的影响。

无论男女学生，交异性网友的比例都超过三分之一。这似乎是一种时尚的行为，也是缓解孤独、寂寞的一种方式。但网络上的性行为表现、性暴力事件非常多，中学生并不懂得甄别，也没有人指导他们分辨是非，这就导致他们容易出现人身安全问题。

其中，女生约会被强奸、男生同性强奸的事件不断增加。除了自身的原因外，家长的性教育缺失，监护不到位，也是重要的原因。在我咨询的个案中，因见陌生网友导致强奸的案例较多，特别是那些性格单纯、很少和外界接触的女孩，盲目相信陌生人，轻易到网友的宿舍或出租屋，极易遭遇强奸。

小丫15岁，第一次离开家到外地读书，在网上认识了一个19岁的男孩。第一次见面，彼此都有好感。端午节那天，男孩邀请她外出见面，一起吃过晚饭后，他们散步到一栋出租屋。男孩说，他就住在这里，叫小丫上去坐坐。虽然感觉不合适，但小丫不知如何拒绝，就随他进了出租屋。进去后，男孩将门锁了，要求和小丫发生性关系。遭到反对后，男孩就用衣架打小丫，没法逃走的小丫只好屈从。直到第二天，男孩才让小丫离开。我问小丫，为什么会同意到男孩的出租屋里坐坐呢？小丫说，因为第一次见面，她对男孩的印象很好，不认为他是坏人，想着上去坐坐就下来，没想到他会强暴自己。小丫的遭遇，与她的单纯，没有自我保护意识不无关系。

人身安全问题

除了性侵，针对初中生的抢劫、绑架、人身挟持等事件也屡有发生。一些犯罪团伙，会引诱学生去卖淫，并对学生施暴，造成的危害非常大。这也提醒家长和学生，不要去陌生的地方，不要相信陌生人，更不要为了一点儿利益就答应对方的某些要求，或和其近距离接触。不接触、不亲近，就不会受害，防微杜渐和拒绝，往往是对初中生最好的保护。

家长应该教什么

很多家长觉得性是无师自通的，不需要教，这是很有害的思想。家长应该主动学习一些性教育的知识，不要不好意思和孩子谈论性的话题，要有针对性地告诉孩子应该注意的方面，使家庭成为初中生获取积极健康的性教育的一个重要场所。

家长应及早给孩子讲解有关的生理卫生知识，男生遗精、梦遗现象，女生的初潮现象，避孕、怀孕、人流等都应该加以介绍，不管是男生还是女生，都要告诉他们这些都是正常的现象，不必过于担心和焦虑。我给青春期学生讲生理卫生知识时，几乎每场的互动环节中，都有女生因为月经不规律、两个乳房发育不一致、乳房发育不丰满等问题提问，男生则为阴茎短小等问题而困惑。

家长需要告诉孩子，一般来月经最初的几年不一定规律，因为心情、情绪、环境的变化等都可能导致月经推迟。两侧乳房发育本来就不一定是一样大小，乳房发育大小与遗传、人种、营养、饮食等多方面均有关系，亚洲女性多数乳房并不十分丰满。同时，乳房大小对未来哺乳没有影响，并不是乳房大乳汁就丰富。而且，男性的择偶标准因人而异，也不是所有男性都喜欢乳房丰满的女性。

男性的阴茎大小与未来的生育、妻子的性高潮也没有必然联系。因为人种不同，中国男性多数阴茎都无法达到网络上那些国外男子的大小，所以，没必要因为阴茎短小而焦虑。这些知识都应该是家长提前告诉孩子的。

青春期的性欲是一种巨大的能量，因此初中生的性压力开始变大，自慰开始成为缓解压力的一个途径，这也是正常现象。要告诉他们，缓解性压力的方法和途径有很多，比如发展其他的兴趣爱好，尝试将性能量转移到足球等运动以及艺术创作等方面。男生此时因为遗精、性幻想、性梦、手淫等也有很多困惑。有些男生因为好奇会偷母亲的内衣、文胸进行手淫。这并不是心理问题，而是缓解性压力的一种方式。女生也会出现手淫现象，但要提醒她们不能用尖锐的物品插入生殖器官，同时注意私密性，不要在公开场合进行自慰，这会引起他人的反感，也会增加自己的压力。减少接触黄色网站，不浏览成年人看的"性趣"网站，因为这容易诱发性冲动，增强性欲望。就如饮食习惯与我们早年的习惯有关一样，早期的性行为习惯也会伴随一生，对成年后的性生活有一定的影响。

现在的孩子营养好，身体发育早，也比较早熟。在我咨询的个案中，男生小学就开始自慰的也不少。女生因为浏览不良网站，或是加入不良微信或 QQ 群，也会诱发自慰习惯，因此家长需要及时进行性教育。

小凤因深夜在宿舍自慰发出呻吟声,遭到宿舍其他女同学的投诉。小凤已经18岁了,我问她什么时候开始自慰的。她告诉我,她初一时加入了一个同性恋的QQ群,群里的姐姐们告诉她怎样自慰,从那时起,她就有了自慰的习惯。我提醒她,学生宿舍不能保证私密性,所以以后还是不要在宿舍这样做了。而且,学校宿舍的环境,也无法完全放松,还是回家在自己的房间比较安全。小凤接纳了我的建议。为了不让小凤产生羞耻感,我告诉她,即使是已婚的夫妻,由于一方生病或出差等原因无法在一起时,也会通过自慰的方式满足自己,只是要注意自慰时的安全和卫生,需要洗干净手,不要用尖锐物品等。这也让小凤放下心中的戒备,不再担心我会耻笑她。

性和爱都是一种能量,需要采取适当的方法进行释放和宣泄。在不违背道德和法律的情况下,教给孩子适当的宣泄方法,这也是孩子们在"性待业"期间,比较合适的缓解性压力的方法。初中的孩子会因为手淫认为自己是坏孩子,从而产生压力和焦虑感,因此,普及有关的性知识将有利于缓解他们的压力,解决他们的困惑。另外,民间流传的一滴精十滴血等错误观念,也需要向他们说明。男生担心自慰过度或别人把自己看成是流氓等,也需要及时提醒他们,不必因此而过度焦虑和担忧。

一个20岁的男生非常焦虑。他说他每天自慰三次以上,感到很累，更担心别人知道他自慰过度，认为他是流氓。他觉得每个女生看他的眼神都不一样，好像能看出他自慰次数比较多，认为他是一个色鬼、流氓，所以他不敢看女生，也不敢和女生正常交往。我解释说，如果他不告诉别人，没人能看出他自慰的次数。而且，他20岁，已经成年，有性的欲望，又是性能量最旺盛的时期，在没有性伴侣的情况下，自慰是最合适的释放性能量的方式之一，这是非常正常的。我告诉他，男女性欲无法释放时，都可能采取自慰的方式释放自己的性能量。而他的焦虑和担心来自于自己的想象，并不是真实的，我向他解释了自慰的好处和应该注意的事项。他听后，放松了很多，此后也能和女生正常交往了。

家长要对孩子进行以下几个方面的性教育。

1. 性安全教育

让孩子了解一些避孕方式，如安全套等，告诉她们如何保护自己。父母应告诉孩子即使意外怀孕，父母也是爱她的，不要让孩子感到羞耻、害怕。江西卫视的节目《传奇故事》，有一期节目讲述了一个职高的女生怀孕后，不敢告诉家人，由男友陪伴到一个私人小诊所做人流，由于麻醉药过量，最后成为植物人。女生的母亲赶到诊所时，女儿已经昏迷不醒，虽然她原谅了女儿，但悲剧已经发生。

2. 性道德、性伦理教育

北京林业大学性欲性别研究所所长方刚提出性人权的概念，认为性人权包括性自由权、性平等权、性福追求权等，同时也提出"只要不伤害他人的性，自愿选择的性，都是好的性，都是合道德的。但这并不是主流社会作性道德判断的标准。"但性道德在不同的时期、不同的文化、不同的地区、不同的国家，有着不同的标准。

我认为，性道德和性伦理要求我们在尊重自己性人权的同时，也要尊重他人的性人权，即不能侵犯他人的性人权。如果伤害他人的性人权，我们的内心也会受到谴责。因此，我们要培养学生健康的人格，使他们自尊、自爱，能正确处理少男少女之间的情感，培养他们的健康人格，不要因为自己的性自由伤害自己或他人。不管是男生还是女生，都应该为自己的性行为负责。初中是进行性伦理、性道德教育的关键期，家长对此要进行引导。法律规定的性行为规范，应该是我们遵循的底线，所以也可以和孩子们谈谈法律对个人性行为的规范，如与14岁以下的少男少女发生性行为均视为强奸。

3. "早练"教育

心理学界已经不说早恋这个词了，而将其改为"早练"，练习的练，即练习和异性交往。在我国，有些家长不允许孩子与异性交往，只要交往就认为他们在恋爱。但是等到孩子上大学或工作后，又要求他们赶快找对象结婚，几乎没有男女交往的过渡阶段。于是，那些听话的乖乖女工作后，由于缺乏与异性交往的经验，常常容易成为剩女。因此，我们应鼓励孩子从学生时期就大方自然地与异性接触和交往，即练习和异性交往。这样，他们工作后就自然懂得选择合适的恋爱对象，顺利进入婚姻。所以，当发现孩子和异性正常接触和交往时，父母不应粗暴制止，而应多与孩子沟通，告诉他们人与人之间有这种美好的感情是正常的，但要学会通过合适的方法表达，或珍藏于心，或告诉对方，都要尊重孩子的选择。

晓慧父母两地分居，她从小和母亲一起生活，直到初中才转学到父亲那里。因此，晓慧和父亲的感情很平淡。在晓慧读高二时，父亲给母亲打电话，说女儿的班主任反映女儿和一个男生关系亲密，不仅恋爱了还可能发生了性关系，让母亲去过问一下。母亲很小心地试探着问晓慧，但晓慧还是听出了母亲的弦外之音。她非常愤怒，觉得班主任和父母都非常龌龊，因为事实上仅仅只是有一个男生在追求她。一次运动会期间，他们两人手牵手去买矿泉水给班上的运动员，正好遇到班主任。当时班主任就用异样的眼光看他们，此后又在班会上含沙射影地说他们两人恋爱了。晓慧原本还在犹豫怎样才能拒绝这个男同学，现在看到班主任和父母是这样的态度，第二天果断拒绝了那个男同学，同时和父母的关系也变得更加恶劣。晓慧来咨询时，对我说了这样一段话："我们同学之间的关系很正常，但是你们成年人用龌龊和肮脏的心态看待我们，是你们成年人的思想太不干净了。"

晓慧的话引发了我的思考。现在的孩子不再像我们过去讲究什么男女授受不亲，他们从小就在大方地和异性正常交往，所以，我们不要一看到男女生在一起，手牵手、打打闹闹就认定他们行为不轨。我们过去的教育，要不就是男女不说话、不接触，要不就是工作后赶快恋爱、结婚，没有男女正常肌肤接触的过渡阶段，如搭肩、牵手等。这本是男女正常交往的普通形式，却被我们认为不正常。

我在上杨明磊的《身心微语言和接触疗法》的课时，他也特别提到关于异性交往，在我国要不就是从小接受的男女授受不亲，要不就是恋爱后异性亲密接触，没有异性交往正常肌肤接触的过渡阶段。我对此也感同身受，因为我就有那样的教育经历。记得我读大学时，一个九江老乡与我同乘一条船去大学。那晚有高中的同学来送我，他们离开后，那个老乡很自然地用手搭着我的肩，带我回到轮船上。我当时感到很不自在，觉得他怎么可以搭着我的肩呢？现在想想，他没有任何邪念，仅仅是一个很自然的搭肩动作，是我不习惯异性和我有肌肤接触。这导致我在大学，即使有男同学伸手拉我爬山，我都不敢去拉他们的手，因为我认为，男女之间是不可以这样接触的。

初中生到了情窦初开的年龄，渴望和异性交往，甚至会产生爱恋的想法，可这与成年人理解的爱情不同，更多的是喜欢和好奇。如果家长不压制孩子与异性的正常交往和接触，他们往往很快就会改变主意，换一个喜欢的对象交往。如果这时家长和孩子谈心，了解他们对异性的感情和渴望，不阻止他们在阳光下正常交往，这时的孩子往往只是喜欢异性，很少会有性的想法或行为。因此，父母可以坦诚地和孩子谈谈自己当初的感情经历，理解孩子对爱情的渴望和对异性的喜欢，提醒孩子不要过早发生性行为。一般来说，孩子不会做出过分的行为，也不会对一段感情投入太多。爱和性都是一种能量，如果过于压抑，不让他们正常流动，也会给孩子造成心理阴影。所以，在家长的正确引导下，应该允许孩子与异性适当和正常交往。这不仅有利于他们的身心健康成长，也有利于他们为成年后的恋爱、结婚做必要的准备。

4. 交往教育

要教育孩子不要和陌生人交往，不要轻易相信陌生人的话，也不要接受任何的利益诱惑。和熟人交往的时候，要注意分寸，减少肢体接触，不要有亲密的动作，防止被人误解；对熟人强奸的手段和方式，要有一定的了解。网络交友，要注意人身安全。

男女之间的交往要坚持适度原则。交往过程中保持适度距离，把握好彼此的感情尺度，言谈举止要注意分寸。不要过分利用女生的优势让男生无条件帮助你。没有人会无条件地帮助你，除非他有目的。

5. 防强奸和骚扰教育

性骚扰的表现方式、多发场合、性侵害的部位、面对强奸如何逃跑等，都应该加以介绍。约会强奸、熟人强奸、陌生人强奸等，都需要引起家长和学生的注意。

相对于学龄前儿童和小学生，初中生的性意识已经觉醒，不管是触摸还是引诱与他们发生肢体的接触，甚至是性行为，他们都可以较好地分辨，而不像小时候那样是无意识的。父母讲授的越详细、越到位，对孩子的帮助也就越大。

要告诉孩子，不管发生什么事情，父母都是爱他们的，都不要过于紧张，要积极应对。比如发生强奸，父母不要责备孩子，要一如既往地爱孩子，要告诉孩子这不是他们的错，让他们不要有太大的压力，要配合心理医生加以治疗，将强奸危害降到最小。要反复地对孩子讲，而不是一次两次，只有反复讲，才能引起孩子足够的重视。

第四节　高中时期，让孩子懂得"爱"

高中阶段，不论从那个角度看，都是极为重要的时期。所以，孩子在高中时期，父母要更重视孩子的性教育问题。在这个时候，孩子处于青春懵懂时期，对异性很好奇，而很多父母也不反对子女在高中阶段恋爱，只是囿于学习的压力才对他们严格要求。也有些父母担心恋爱影响学习，因而强烈反对子女和异性交往，但哪里有压迫，哪里就有反抗。有些孩子在父母的反对声中，背着父母与异性约会、聚会。这种不能在阳光下正常交往的异性关系，反而因其隐蔽性会发生怀孕、人流或强奸的事情。

其实，父母一味干涉孩子与异性交往，是有失偏颇的。因为正常的异性交往，对于一个人的成长是很重要的。

一项针对广东44所高中的调查表明，在高中生中，5人中就有1人观看过色情书籍或音像制品。而在看过色情读物的高中生中，有15.2%的学生发生过性行为，其比例是没看过色情读物而有性行为学生的5.4倍，这说明性行为与色情读物诱惑有直接关系。有过性行为的学生，其中40%的人由于性经验不足，没有任何的安全防护措施，导致很多女孩怀孕并堕胎，严重影响其身心健康。由此可见，对于性的安全教育是多么重要。

性是一种能量，男女对性的需求在年龄上有些差异。一般来说，高中是男生性欲望最强烈的时期，非常冲动，受到不良影响或刺激时自控能力也比较弱。而女生在高中阶段，一般性欲并不强烈，可以控制。在这个阶段，男性往往通过运动、争吵或打架、自慰等形式发泄自己的性能量。所以，家长需要结合孩子的性心理发育特点，有针对性地进行性教育，引导孩子以合适的方式宣泄自己的性能量。当今社会，性的开放程度比较大，一些男生也会互相交流性的想法和经验，高中生涉足夜店也时有发生。

就高中男生自慰发生率来看，高二、高三年级约在70%以上，高一年级在20%左右，其中多数男生因此存在愧疚、矛盾、丢人甚至罪恶感，并因此而感到自卑。个别人自慰行为失控，因过于频繁和经常处于冲动中，会出现身体不适感，包括头昏脑涨等，这更加重了孩子的心理负担。

女生出现月经不规律或痛经严重者，多半与对性生理现象认识不正确、产生心理压力有关，每当这些现象出现之前，她们就会有紧张、焦虑、恐惧等情绪。这些不良心理状态，都会干扰内分泌和引发子宫痉挛，由此加剧月经不规律和痛经症状。

一些高中生虽然年龄不大，但对性行为却比较随便，个别高中生只要有合适的时机、有性要求就发生性关系，这也可能导致他被传染上性病。部分高中生法律观念淡薄，缺乏必要的性行为约束能力，甚至违背他人意愿，强行与人发生性行为，这就需要进行性道德和性的法律知识教育，增强他们管理性欲望的能力。

现在的高中生对恋爱看得很开，而且现在社会的大环境也是趋向于同情和理解。高中生处在青春期的末期，随着性生理的发育成熟，他们对异性充满了倾慕和向往，渴望接近异性，渴望亲密的两性交往。

当然，也有一些人谈恋爱是为了缓解学习的压力。

我女儿在高考前夕发现班上恋爱的同学突然多了。她觉得很奇怪，问我是不是大家觉得就要毕业了，所以赶快谈一场恋爱。结果高考一结束，就有同学向她倾诉失恋了。原来那些被追求的女生是为了不影响男生参加高考，才勉强答应做他们的女朋友。高考一结束，她们就打电话提出分手。我觉得这些女生很善良，也很有智慧。

我们教育高中生时，如何和异性正常的交往、如何看待恋爱、如何恋爱，这些都是非常重要的内容。在这个阶段，先要教育孩子懂得爱，告诉他们，性是一件很美好的事情，如果性是与自己相爱的人结合，才能更好地享受其中的快乐。当然，我们讲爱一个人或发生性行为时，也需要告诉他们，学会对所爱的人负责，在决定发生性行为时，即使是在双方自愿的原则上，也需要一种负责任的态度。

作为高中生，多数人的目标还是渴望能考上一所好大学，因此，原则上我们希望他们能管理好自己的性欲望，不要过早发生性行为。毕竟发生性行为后，特别是女孩，会因此更加依恋男孩，对学习可能会产生不良影响。当然，如果双方实在无法控制自己的性欲望，自愿发生性行为，那也一定要做好避孕工作。

潇潇是一个漂亮的女生，学习成绩也很好。吴帅是班长，人也英俊。同学们经常拿他俩开玩笑，说他们郎才女貌，结果两个人还真恋爱了。老师虽然也知道，但考虑到两个人学习成绩都不错，就没有过多干预。潇潇的父母长期在外打工，潇潇一个人住，晚自习后，潇潇独自回家感到很害怕，吴帅就经常送她回家。一次周末，潇潇邀请吴帅去她的住处，两人在一起无法控制自己，发生了性关系。

高考前，潇潇发现自己停经了，但他们没有时间去医院。因为此事，两人整日提心吊胆，高考也都没发挥好。高考一结束，吴帅就陪着潇潇跑到另一个县城做了人流手术。高考结果出来，两人成绩均不理想,并被不同的大学录取。

大学第一学期,潇潇提出分手,说她已经有了新的男友。吴帅在大雨中赶到潇潇的学校,希望挽回这段感情,但潇潇坚决要分手,吴帅无奈地接受了分手。多年后,回忆起这段往事,吴帅说,如果不是因为恋爱,不是因为担心潇潇,他高考的成绩或许不会那么糟糕。本来可以考上名牌大学的他,最后只考上了一所普通大学,他说这也是高中恋爱给他上的一课吧!

类似的故事也发生在另一个女生孙美身上。孙美本是一个学习非常优秀的女生,但高中时她恋爱了,并和男友发生了性关系。此后,孙美每天都渴望和男友在一起,并计划和男友考同一所大学。男友成绩远不如孙美,她就努力给他补课。最终,男友考上了不错的大学,可孙美却只考上一所大专院校。男友到大学后,很快移情别恋,孙美只能无奈地接受分手的事实。

高中时的恋爱单纯而美好,但爱得多的那一方,往往用情更深、投入更多,对学习的影响也会更大。特别是发生性关系后,因担心失去对方,经常处于感情的纠结之中,而高考的压力也常常让人喘不过气。所以,在高中阶段恋爱,原则上我们希望他们能控制自己的性欲望,增强自制力。如果实在控制不了,也一定要采取避孕措施,否则,怀孕会对双方都产生压力,对女生的压力会更大。

现在很多家长比较开明,允许孩子在高中谈恋爱,但一定要告诉孩子,要对所爱的人负责。如果双方自愿发生性行为,也一定要采取避孕措施。在高中阶段最好不要发生性行为,应尽量推迟到高考结束后,这对双方的高考都有积极的作用。另外,一些孩子已经恋爱了,而且恋爱时间较长,如果家长发现后,硬要他们分开,往往会适得其反。所以,这时父母反而要接受事实。在父母的同意下,在阳光下恋爱比他们在地下、不见光的地方恋爱更加安全。因为恋爱越是隐蔽,越是不被外界知道,越容易发生性行为。

除此以外,还要从以下几个方面对孩子进行性教育(见图4-4)。

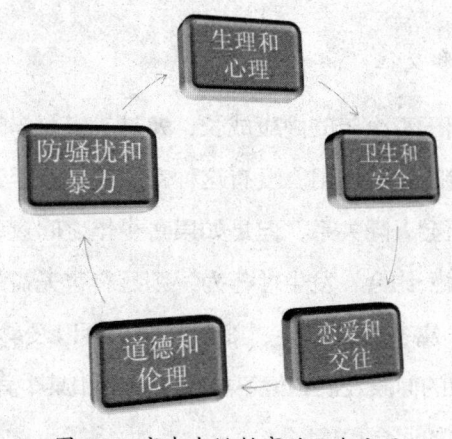

图 4-4　高中生性教育的几个方面

1. 生理和心理

可以详细介绍两性的构造、生殖系统的特点、生育的过程和机理等。要给高中生讲解性心理的一般规律,让他们了解青春期的心理躁动与不安,并引导他们以坦然、健康的心理来面对,尽量按照社会要求来规范自己的生活。

2. 卫生和安全

要向他们介绍生殖器官的一般卫生，包括两性性行为的卫生。使他们能够自觉注意生殖器的卫生，学会正确的清洗方式。女性要知道外阴的日常清洁、经期的卫生保健、痛经的处理；男性要知道阴茎的清洗、遗精和自慰后的清洁卫生等。性问题上的自我保护知识包括防止生殖器官的外伤及一般外伤的处理、基本避孕方法，要增强自制力，克制性冲动，避免过早偷食禁果。

3. 恋爱和交往

恋爱有利于青少年的健康成长，尤其对青少年的心理和社会成熟，有明显的促进作用。没有这种交往的青少年，可能会很难适应复杂的社会人际关系，但是如果青少年之间过早地建立一对一的关系，频繁约会、发生性行为，则是有害无益的。高中生可以通过参加丰富多彩的舞会、郊游、联欢会以及其他集体活动，促进异性友谊的健康发展，但不要经常单独和某个异性固定交往，这会引起对方的误会和猜疑。

4. 性道德和性伦理

性伦理、性道德在不同的文化、社会、时代有不同的标准，不同的性学家给出的性道德标准差异也很大。在两性交往时，要让高中生了解维系和调整两性关系的性道德、性伦理规范和行为准则，让他们自主选择最有利于他们成长，又不伤害他人性人权的方式，这样做既尊重了他人，也有利于自己的性道德标准的建立。同时，要知道如何防止性病和艾滋病的传播。对于怎样保持良好的两性交往形式、什么是真正的爱情、树立正确的恋爱观、提高对两性关系的社会责任感和义务感、增强性的控制能力和抵抗诱惑的能力等均要和他们共同进行探索，让他们建立尊重人性、符合人性，但又不伤害他人、不违背法律规范的性道德观。

每个女生未来都会成为母亲，对她们进行尊重人性、尊重人权的性道德、性伦理教育，也是防患于未然。要告诫她们，我们的身体是有禁忌的，即使是和父母之间也有禁忌。如果某些身体接触行为已经让我们感到不舒服了，那么这样的行为就触犯禁忌了。另外，母亲在青春期的儿子面前不要穿暴露、透明的衣服，要和儿子建立恰当的界限，不要随便触摸儿子的隐私部位，在儿子小的时候，尽早与儿子分床睡觉等等，这些都是需要提前教给女生的性知识。毕竟家庭中，妻子、丈夫、孩子都有各自的性人权，均需要我们尊重。

5. 防范性骚扰和性暴力

高中阶段，防范性骚扰和性暴力的教育极为关键。交友要谨慎，不要和不三不四的人来往，尤其要注意网络交友，不要随便约见网友。如果真的想见网友，最好多叫几个人，特别是要叫上几个男孩一同前往；或者把见面地点安排在公共场合，时间安排在白天。

类似见网友遭遇强奸的案例，在我咨询的个案中也有不少。

很少出门的偏远山区的女孩，特别容易轻信陌生人；单纯幼稚的城市女生，家里从不对她们进行安全方面的教育，也常常受骗上当。

建议女生不要在聚餐或约会时喝酒，除非和家人在一起的时候。不要独自一人走回家，最好结伴而行。即便是交往的异性，也要懂得自我保护，不要随便发生性关系。不要随便相信陌生人，不要和他们喝酒或饮料。在这个世界上，多一点警惕性，就能多一份安全的保障。

我女儿上高中时，有男生追求她。女儿问我是否可以恋爱。我给女儿的底线是：恋爱不要影响学习，为学习加分就继续谈，如果影响学习就刹车，绝对不能发生性关系。结果两个礼拜后，女儿说恋爱太累了，学习受影响。之后，她提出了分手，但男生不同意。在我的帮助下，他们友好分手了。

女儿上大学后，我给她的底线是：可以恋爱，尽量不要发生性关系；如果发生性关系，一定要采取避孕措施；如果怀孕，第一个要告诉的是妈妈，而不是男朋友，让妈妈陪着去做人流手术，而不是男朋友。女儿顺利大学毕业，没有让我为此操心。如今，女儿已经工作了，虽然暂时还没有恋爱，但我相信，她能处理好自己的感情。女儿说，她最骄傲的就是有我这样一个好妈妈。我们之间无话不谈，即使是关于恋爱的事，她也可以和我坦然交流，她的同学都很羡慕她有这样一个开明的妈妈。

作为父母，一定要肩负起对孩子性教育的责任。这就需要父母先学习青春期的相关知识，以便胜任教育者的角色。父母只有掌握了正确的性教育的知识和方法，才能让孩子获得正确的性知识。

青春期生殖健康教育和性教育，是孩子生存技能的培训，是为了孩子身心的健康成长，这需要学校、家庭、社会的密切配合。近几年，"青苹果"教育项目、女童保护组织的公益课堂、中国计生协青春健康进校园等活动，越来越受重视，越来越多的家长和学校也开始积极参与到这些活动中来。相信随着社会的发展和人们对性教育的重视，我们的孩子将会得到真正有益、适用的性知识。

我一直认为，在高中阶段要教孩子懂得"爱"。他们懂得了爱，就能够同异性正常交往了，这样即使恋爱了，也能够控制住性欲望，增强自制力；即使发生性关系，因为知道避孕措施，也能够减少身体和心理的伤害。

第五节　少女初潮，麻烦背后的快乐与忧愁

初潮是少女进入青春期的标志，对少女的影响很大，一些人会出现心理恐慌和焦虑。初潮被很多人认为是具有生育能力的象征，但实际情况并非完全如此，因为初潮时有些女孩还没有正常的排卵周期，没有成熟的卵泡产生，因此没有生育能力。但由于

个体差异较大，有一些女孩初潮后，会出现不规律的排卵，也会发生怀孕。在我咨询的个案中，就出现了一个14岁女孩怀孕后不得不转学的案例。

因为营养丰富，现在的女孩通常在小学高年级时月经就来了，所以，女孩到了小学高年级，当妈妈的就要做好女儿随时都可能来月经的心理准备。现在我们提倡性教育要从娃娃抓起，我认为这是有道理的，也希望所有的父母能以自然的态度面对孩子提出的有关性方面的问题，当好他们的第一任性教育老师。

2003年3月5日晚上，我在深圳处理弟弟工伤的事宜时，接到了女儿的电话。

"妈妈，我来月经了，怎么办？"女儿问我。

我心里挺着急，好在我来深圳之前，女儿曾和我提起她班上有女生来月经的事情。女儿当时读小学五年级，班里的女同学对初潮这事都多少知道一点。我也给她讲过一些有关月经及女性生理卫生方面的知识，可她依然很紧张，问我明天上课怎么办。我说用我的卫生巾，告诉她在哪里找到和怎么用。她问是用大的还是小的，说她冲凉时发现自己的下身也有了变化，说以后上厕所就麻烦了。

我回家之后，女儿扑到我怀里，撒娇地说："妈妈，我好害怕，来月经好麻烦。"我说："傻孩子，正常的女人都要经历这些的。虽然麻烦，但是你不再是小女孩了，你已变成少女了。你应该感到快乐啊！"

接着，我又给她讲了有关女性发育的知识和月经期间要注意的事项，提醒她今后要学会保护自己，和异性交往要有分寸，发生性行为会导致怀孕等性知识。"一旦怀孕，流产或是堕胎都会严重地影响到你的身心健康。"

我弟弟的女儿也在小学五年级来了月经。弟媳妇打电话告诉我后，我立即让她们给小侄女买礼物，祝贺她成为小女人了。同时，我们立即在家庭的微信群对此事表示祝贺，我还给她发了一个红包。小侄女因此过了一个特别的属于"我家有女初长成"的日子。

现在我在给家长讲"如何面对女儿初潮"这个话题时，会要求家长给女儿举行一个特别的祝福仪式，恭喜女儿成熟了，并告诉她："你将来结婚后，如果与爱人发生性关系，可以成为母亲。"另外，家人要对女孩来月经表示祝贺，这样女孩才不会因为来月经觉得丢脸，而是作为女人，为她们未来可以成为母亲而骄傲。

初潮的年龄，一般认为和遗传、营养等均有关系。如母亲初潮早，女儿也会偏早；母亲初潮晚，女儿也可能偏晚，但这并不是绝对的，还会受其他因素影响。初潮的早晚，和居住环境、身体健康状况、情绪、营养等都有一定的关系。总之，初潮早晚受许多因素影响，个体差异较大（见图4-5）。

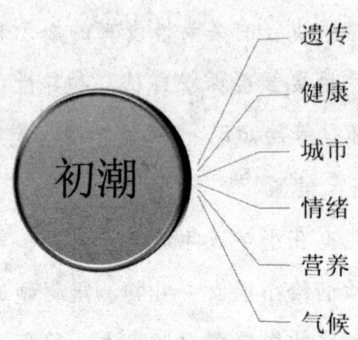

图 4-5 影响初潮早晚的因素

初潮和月经因人而异。初潮一般量少持续时间稍长,每次月经量为 10～100 毫升,平均为 50 毫升,出血量以第二天、第三天最多。在初潮后的半年到一年内,月经不一定按规律来,有时隔几个月、半年甚至一年才会有第二次来潮,这是正常的,以后会逐渐有规律。每次月经出血持续 5 天左右,为月经期。行经期间由于盆腔充血,有时会出现头昏脑涨、轻微腹痛、腰酸以及乳房胀、食欲差等症状,这都属于正常现象。这里特别要提醒女生,月经期间,如果方便,尽量多上厕所,通过排泄的方式让月经流掉。有些女生因为来月经后很害羞,不敢上厕所,一个上午或下午都不去上厕所,导致卫生巾血量很多,这样做很容易让细菌滋生,甚至导致阴道炎等妇科病。

那么,女性太早或太晚来月经会不会影响以后受孕呢?一般而言,女性太晚或太早初潮,都不会对生育能力有任何影响。大多数情况下,初潮时间的早晚仅仅代表发育的情况,没有任何证据表明初潮的早晚会影响受孕。

但是，如果是因为一些疾病（例如甲状腺疾病、卵巢衰竭或某些遗传并发症）导致的月经初潮推迟，那么就可能影响受孕。如果自己有疾病的征兆，可以选择就医，这样可以消除自己的疑虑。

很多女生在月经初潮后，由于经期不规律，常常担心将来不能正常生育，所以家长或学校可以给她们介绍有关初潮的知识。最初的几年，月经往往没有规律。有时受到情绪波动的影响或环境的改变等原因，也会造成月经紊乱，这都是正常现象。提醒女生注意经期卫生和适当的休息，同时调节情绪，不要太烦躁，少吃刺激或冰冻食品，如辣椒、冰冻饮料等，注意保暖，不要进行剧烈运动，否则可能有生命危险。

另外，女生月经来潮后，胸部也开始发育，各类电视或媒体的宣传导致一些女生对自己胸部发育偏小不太满意，甚至担心。要告诉女生，每个人胸部的发育和多种因素有关，如遗传、营养、人种等等。我国多数女性的胸部都不太大，并不是胸部硕大无比才是美，健康就是美，而且胸部的大小与未来的哺乳没有必然的关系，即使胸部偏小，乳汁一样会很丰富，不影响未来的生育和哺乳，这些知识可以减轻女生对胸部大小的焦虑感。

随着初潮和月经的来临，要给孩子讲讲防范性骚扰和性侵。告诉他们要提高个人警惕性。女孩正在逐渐长成为大人，一旦发生意外，面临的伤害就会更加严重。作为女人，防范性骚扰和性暴力，是需要贯穿一生的，只有这样，自己的人生才能更加顺利和平安。最好把性骚扰和性暴力的特点和作案特点都告诉她，让她在心理上有所防范。

在这个时候对女儿进行有关恋爱方面的教育也是合适的。但不要讲得太深，以孩子愿意听和能接受为主。如果是在小学高年级来月经，可以讲讲女性的自我保护知识；如果在初中来月经，可以谈谈关于恋爱方面的知识，以及关于生命、避孕、人流的知识。受传统思想影响，很少有母亲给孩子讲这方面的知识，特别是单亲家庭里。在一些特殊的家庭里，最好能有一位女性承担起母亲的职责，如果找不到母亲的替代者，那么父亲也应该和女儿谈谈相关知识。

我读书时，父母从没和我讲过这些知识。我第一次来月经时，不敢去学校，结果在家里把内裤都换完了，最后还穿上了姐姐的内裤。因为我以前得过痔疮，母亲回家时，我告诉她这次痔疮太严重了，血流不止。母亲仅仅是让姐姐去给我买了卫生巾，简单地教我怎么用，并没有多说什么，我也不敢问。

班上有一个女生，父母离异，她随父亲生活。我们都觉得她很可怜，不知道她月经初潮时要向谁请教。若干年后，我们已为人妻、为人母后，我问她当初来月经时是怎么办的？她说她很幸运，因为她的父亲是一个知书达理的男人，从小就给她讲了有关女性自我保护、月经、恋爱方面的知识。父亲特别教导她，作为女性要学会自我保护，爱惜自己，学会独立，要知道什么样的男人适合自己。她虽然缺失了母爱，但父亲教给了她足够的知识。所以当月经来临时，她自己就能处理好，此后的恋爱、结婚也都处理得很好。

所谓万事开头难，对少女来说，人生第一次来月经是件"大事"、"难事"。既不懂得初潮月经发生的缘由、时间与地点（或在家或在学校），更不知道经量多少、经期长短。家长必须要让女儿有心理准备和物质准备，这样她们才会心中有数，"遇事"才能不慌张。

第六节　保护女孩，从帮助男孩管理性能量开始

《如何让女孩不被性伤害　如何让男孩不被性教坏》一书的作者，莎伦·麦克维尔博士认为："一个对性行为负责任的人，关键在于能够对舒服的感觉说'不'的自制力，而这就需要家长对孩子的行为设定道德上的约束。

"性欲以及如何满足性欲，性感以及性感的力量，这些性生理书、学校性教育课以及家长与孩子谈性时所遗漏的东西，恰恰是性行为的内因。所以，我们必须帮助孩子们理解性感是有力量的，因为它会引发性欲，而这种欲望是每个生物体所固有的、借此延续后代的方式。"

我们只有对孩子们讲清楚性感与性欲，才能让孩子学会做一个对性行为负责任的人。

同时，莎伦·麦克维尔认为，如果我们不首先教给孩子正确的观点，我们的孩子就会被电视、网络说服或影响。如果没有

家长的指导，一个鼓吹性的环境对孩子来说是难以抵御和极度危险的。

很多强奸行为，往往和男孩的性压力有极大关系。因此，适当的性教育不但可以缓解男孩的性压力，还能避免他们做出伤害女性的事情。

青春期的男孩，对于很多父母来说都很头痛，不知道怎么对他们进行性教育，弄不好会适得其反。因此，在这样一个关键的时期，父母恰当的性教育和正确的性态度对男孩的性心理健康成长极为重要。我们可以从以下几个方面帮助男孩管理性能量。

1. 学会控制性欲

我们可以告诉青春期的男孩，性欲是一种巨大的力量之源，一种令人惊讶的能量引擎，促使人类繁衍，没有性，就没有人类。

一个从小放牛的朋友告诉我。一次，他正骑着一头公牛，公牛听到对面一头发情期的母牛的呼唤，发疯一样地冲向母牛，把他重重地甩在地上。我们在电视上也常常看见，泰国等地那些训练有素、参加表演的公象，在发情期会变得很疯狂，甚至出现严重伤人的事件。这些都说明性欲是一种巨大的能量。但与一般动物不同，人类具有自我管理的能力，通过培养人们的自制力，可以转换或控制这种能量。

欲望满足的感觉不错，所以我们不断地希望满足欲望。有些

欲望与生俱来，比如食欲；有些欲望只有当身体发育成熟后才会产生，比如性欲。我们家长需要教导孩子，要学会控制和引导欲望，如果要成为一个负责任的人，就要学会控制自己的欲望。我们不必因为欲望产生负罪感，因为欲望是我们生存所必需的。我们要学会的是控制和引导性欲这种能量，而不是让它主宰我们的生活。

我们要告诉男孩，如果我们没有学会甄别和自律，没有学会控制这种能量，就会被性欲驱使，最终可能做出害人害己的事情。

作为家长，要掌握家庭性教育的主动权，不要任由媒体、网络的不良因素误导孩子。我们自然地和男孩谈论性的能量，让他们明白：性不过是一种需要我们学习、掌握和引导的能量形式。就如我们具有愤怒这种情绪，我们可以采取恰当的表达方式，如使用语言表达我们的愤怒，而不是用行动打人发泄我们的愤怒。又如饥饿也是一种能量形式，但不是我们饿了，就要立即获得满足，甚至去偷去抢，而是需要采取适当的方式获得食物，有时甚至需要克制自己，等到下课或下班后才能去享受美食。同样，性欲这种能量也需要我们用正确的方式去控制和引导。

一个发育较早的 13 岁男生，因为偷母亲的内裤、文胸藏在自己的房间，并进行手淫，被母亲发现后骂为流氓。这位母亲认为儿子有心理问题，但经过咨询后，我发现这个男孩一切正常，只是最初有几次这样的行为，被母亲发现批评后，就再也没有这样做过。我认为男孩没有心理问题，只是好奇心驱使而已。这也是

他缓解性压力的一种方式。

我告诉男孩，他没有任何心理问题，就是性压抑造成的，希望他通过自慰等恰当的方式缓解自己的性压力，而不要通过偷女人内衣裤来满足自己的性欲望。谈完后，他很轻松，为自己没有心理问题而高兴。经过心理辅导，他恢复了阳光心态，反而是他的母亲，用不恰当的处理方式，增加了男孩的压力。

我们如果能让孩子从小认识到欲望的力量，培养他们控制欲望的能力，就能让青春期的孩子从容地面对性的躁动，而不是产生性的欲望就必须立即获得满足，甚至用一些非法的手段获取，如强迫别人与自己发生性行为。

2. 了解性能量失控的后果

我们要让男孩理解，欲望是一种我们必须学会控制的能量，而性侵犯的发生是因为一些人不能控制他们的能量，他们不是自己控制了欲望，而是欲望控制了他们。如当他们想要什么东西的时候就去偷，生气的时候就砸东西或伤人，有性欲的时候就强迫别人。家长要告诉孩子，任何人把自己的欲望强加给别人都是不对的。

那些没有学会控制自己欲望的人是危险的。如果有些人不能控制自己的欲望，那么他们就可能因此而做出违法的事情，最终被关进监狱。在监狱里，他们将不能再伤害他人，并学会控制自己。任何一种欲望，都可能因为所见所闻、所思所想而变强或变弱，性欲也一样。所以，少观看色情网站，少阅读黄色书籍，在黑夜不安全的环境，不穿暴露、性感的服装，都能降低性欲。青春期的男孩虽然已经有了性欲望，但在不合适的年龄，没有得到对方的同意，就不能强行和别人发生性关系。如果每个男性都能如此，那么性侵害的案子将不复存在。

但在现实生活中，总有一些人无法控制自己的能量。如果青春期的男孩不懂得控制自己的性欲望，一旦做出违背女性意愿的事，就将面临法律的制裁。这样，不仅伤害了受到性侵害的女性，而且对施害者的家庭和未来也是一种伤害。

3. 要适时进行性教育

青春期的男孩对性好奇，渴望了解更多的性知识，这是对的，但同时也要学会控制自己的行为。家长面对孩子探索性知识，也要给予理解。

我刚当班主任那年，班里有一个这样的男生，他从小被寄养在爷爷奶奶家，读初中时才来到父母身边。母亲经常责骂他，偏爱在自己身边长大的弟弟。

有一次，他向我借钱说要离家出走，我于是去家访。结果，母亲大骂儿子是流氓，说他净看一些淫秽书籍，去年邻居家的一个女孩来家里玩，他竟然对人家动手动脚。听了这位母亲的话，我说道："他在青春期，我们做家长的，应该教给他正确的性知识，可以让孩子的父亲来告诉他异性交往方面的知识。"

事后，男生的父亲买了相关的书，一边让他看，一边为男生解惑。男生后来的表现非常好，学习成绩也提高了。我也因此受到启发，此后经常利用班会时间，给学生进行性教育，并组织学生探讨男女正常交往的话题。

在我咨询的案例中，有很多类似的案例。当一个男孩的性压力长期得不到缓解时，就有可能伤害身边的女孩，作为父母必须关注男孩的性教育。如果男孩没有正确的性观念，不懂得管理自己的性能量，就会导致攻击性行为。

攻击性行为也称侵犯性行为，是指个体有意伤害他人身体与精神的行为。攻击性行为在男孩中比较常见，对男孩的人格和品质都有消极影响。

性压力会导致压抑的心理，如果长时间释放不出去，就会成为一种烦恼。当这种心理状态达到一种程度之后，就会以极端的方式表现出来，即攻击性行为。这也是诱发强奸案的原因之一。

很多研究表明，未成年人的强奸行为和性压力有一定的关系。一些未成年人的强奸行为，并不是蓄谋的，而是因为一时冲动做出的。如果男生的性压力长期得不到释放，就容易对熟人做出攻击性行为。

一个高二的男孩，成绩优异，是村里孩子们学习的榜样。有一次，他放学后去看了黄色录像。骑车回家途中，他遇到村里一个9岁的小女孩，便问女孩是否坐他的车，女孩很高兴地同意了。

结果，男孩把女孩带到一条偏僻的路上，强奸了她。后来，男孩被判刑，大家都为他感到惋惜。

---

4. 男孩缓解性压力的方式

男孩到了适当的年纪，父母要鼓励他们正常的恋爱，向异性表达自己的爱慕之心。对于无法拥有性伴侣的青春期男女，适度的自慰是正常的，也是可以理解和接受的，家长不要大惊小怪，而要适当的引导和帮助，这样他们才能纠正自己的行为。

如果自慰让他们感到满足，而且无法改变，那么在不侵害他人利益的前提下，也可以允许他们这样做，只是要注意适度。当然，有些性宣泄方式如果伤害了他人，那就需要调整或改变，如窥阴、露阴的方式，常常会给女性造成不适，就需要男性做出改变。

父母可以告诉孩子缓解或转移性压力的方法，比如培养积极的兴趣爱好。积极的兴趣和爱好，能培养男孩优良的品质，让他们远离不良情绪。即便是打游戏，只要加以积极的引导，不沉溺其中，也是较好的选择，能转移他们的注意力。根据能量守恒的原理，能量是可以转移的，如把性能量转移到运动场上，或是对艺术的追求上等，都是健康的转换方式。

我认识很多搞体育的男生，他们说年轻时性能量爆满，都是通过运动的方式发泄的。晚上回到宿舍，已经很累了，自然就不去想性方面的事了。而且，他们中的一些人，由于当初控制了性行为，到了20多岁结婚后才发生性行为，性生活质量比较高，妻子对他们的性能力也非常满意。而那些过早自慰的男性，结婚后还是感觉自慰的方式更容易满足，反而性生活质量不太高。也许这正如一些书中介绍的那样，早期的性行为习惯会影响婚姻生活中性行为的方式。

5. 男孩要尊重女性

除此以外，我们还要教育他们尊重女性。女性是人类社会运行的关键的一个部分，将来她们都会生儿育女，成为母亲。而一旦被强奸，她们的幸福生活就会破灭，有的一生都郁郁寡欢。强奸伤害的往往不是一个人，因为每一个女性都可能成为母亲，而一个受伤的母亲将直播影响她的孩子们。

同时，父母还要告诫男孩，一旦自己控制不住自己的欲望伤害了女性，就要为自己的罪行付出代价，到时不但毁了受害者和自己，也会毁了自己的家庭。

一个第二天就要高考的男生，在6月6日这一天，趁着13岁女网友的父母不在家的时间，将女孩强奸了。女孩的父亲得知此事，将刚刚高考结束的男生告上了法院。等待那个男生的将是6年有期徒刑。

现在的媒体，常常强调被强奸对女性造成的伤害，而对强奸犯来说，尤其是那些青春期的男孩，其实也是一种伤害。家长要

加强对男孩的性教育，让更多的男孩懂得一旦发生强奸案，也将毁了他们的一生。

让孩子有事可做。父母可以通过正确的教育方法，监督和督促他们把主要精力用到学习上面。对于那些不上学的人，可以给他们找个事情做，这样他们就不会把主要精力浪费在两性关系上，荒废自己的时间和生命。

对于性压力大的男孩，父母要鼓励他们和女生正常交往，而不是采取不恰当的方式满足自己，这样对男孩的成长更加有利。其实，男孩很多不良的情感和需求，在和女生交往的过程中，都可以得到治愈，而不是变得更加严重。

如果父母发现孩子在性方面存在问题，不要大惊小怪地认为自己的孩子有什么病症。其实，他们是很健康的，仅仅是对性的好奇和渴望，只要适当加以引导，并不会造成什么危害。教育非常简单，尊重和信任孩子，给孩子自由和爱，欣赏孩子，就是最好的教育。

一些十三四岁的男生，因为好奇会偷文胸等藏到房间进行手淫。父母如果发现后，应及时进行性教育。有些父母会辱骂儿子，这反而会给孩子一个负强化的心理暗示，导致孩子将这种行为延续下去。在青春期，这样的行为是一种正常的宣泄性压力的方式，只要家长正确引导，孩子就不会再出现这样的行为。所以，父母不要反应过度，有的家长看到儿子看色情书籍或影片，就大骂儿子流氓，甚至用暴力行为制止，这样做可能导致男孩性行为障碍，如阳痿、早泄、性无能等，将来无法与女性建立正常的性关系。

我一直强调一个观点，青春期的性是一种巨大的能量。越是对性采取一种健康的方式进行宣泄和疏通，越有利于人的身心健康。性越是被压抑，人们就越容易产生各种心理问题，最终影响身心健康。性能量释放有三种方式：一是找人释放性能量，二是自慰以释放性能量，三是转化性能量。

第一种方式，找人释放性能量，首先要明白法律禁止与14岁以下的青少年发生性关系，即使是双方自愿，法律也会按照强奸判刑。尤其现在的女孩发育早，十二三岁的女生已经发育得比较丰满，如果在不问对方年龄的情况下自愿发生了性行为，也将面临刑法的处罚。同时，如果在发生性行为时没有采取安全措施，还可能面临怀孕或感染性病的危险。这些都需要告诉青少年。

第二种方式，对于以自慰的方式满足自我的，很多孩子并不会主动告诉家人他们已经有自慰的行为。自慰的行为，通常男性比较多，但也有女生。父母需要提醒他们要在一个安全的环境下，在不影响其他人的前提下进行这样的行为。虽然自慰一般不会带来不良影响，但一般认为，就如童年的饮食习惯会影响成年后的饮食偏好一样，青春期的性习惯也能决定成年后性生活的质量。

第三种，将性能量转化到学习、创作或体育等各类活动中。性欲是一种强大的力量，我们需要引导孩子学习控制自己的欲望，把这种能量转化为有意义、有创造力的行为。拥有自制力才能成为一个对性负责任的成年人。性能量是可以转化的，压抑的、积蓄的、被引导的性激情可以在球场上的体能对抗中释放出来。能量转换的方式，能使青春期的孩子推迟第一次性行为的时间。根据性本能的欲望行事是危险的，我们要让男孩认识到性欲的力量，并驾驭它。因此，培养青少年的自制力，促使他们控制好欲望，并选择恰当的方式转化欲望，是健康生活的前提，也是预防性病等的有效方式，更是减少男孩发生性侵害行为的关键。

青春期来临之前，作为家长，一定要和男孩谈谈性欲满足的合法方式，告诉他们性安全的重要性，这既是对别人负责，也是对自己负责。如果他们没有对舒服的感觉说"不"的自制力，那么无论多少知识都无法保护他们不受到性病的威胁，更无法保证他们在酒精等作用下，不做出违背女性意愿的事。

有些家长错误地认为，男孩和女孩发生性关系，是占了便宜，所以不太过问男孩的性行为，但如果男孩是与14岁以下女孩发生性行为，即使对方自愿，也将被视为强奸。所以，家长要加强对男孩的性教育，引导他们管理好自己的性能量。通过增强自控能力，转换性能量，促进男孩身心健康成长，帮助他们顺利度过青春期。

第七节　掌握原则，科学地对子女进行性教育

随着年龄的增长，孩子也希望得到性知识和性教育，但有些父母自己也没有接受过系统的性教育，还有些父母比较传统和保

守,不知怎么和孩子谈性方面的事情。既然无法从家长、老师那里得到相关知识,他们就会向外寻求答案。而一些不良的网站正好利用了孩子好奇和探索的心理,用不良信息误导孩子,有的孩子受到这些信息的影响,可能就会用违法的方式满足性欲望,甚至因此毁了自己,毁了家庭。

另外,有些父母虽然意识到了性教育的重要性,也知道应该对孩子进行性教育,但却没有足够的性知识,教育方法也不正确,结果适得其反。有个别离异家庭中的孩子,因为父母的爱不完整,可能会出现某些心理问题,特别是青春期的孩子,如果性教育方面欠缺,有可能会给孩子造成以下问题(见图4-6)。

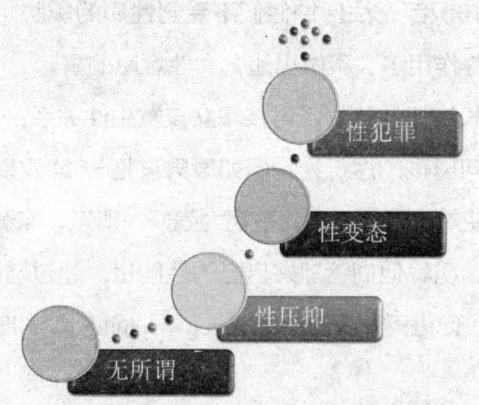

图4-6 缺乏性教育的孩子出现的四种状况

1. 无所谓

随着社会的发展和进步,获得性知识的途径越来越多,包括同伴之间的玩笑,都在一定意义上起了作用。持无所谓态度的孩子长大后可以正常地恋爱、结婚,不会产生严重的心理问题,不会影响到学习和与人交往。

2. 性压抑

性压抑是对异性与性行为极度渴望,却因为种种原因而不能接近异性或不能发生性行为的一种心理与生理状态,比如郁郁寡欢、沉溺于性幻想、频繁手淫等。一般来说,大多数人都有一定程度上的性压抑,但不会产生什么不良影响。医学研究表明,过分地压抑性欲对人的身心健康是有害的。

3. 性变态

长期的性压抑会导致心理发生变化,甚至发生一些不恰当的行为,如露阴、窥阴、恋物等。一般情况下,性变态的人不会做出性侵对方的行为。这样的人最好能进行自我调整或寻求心理咨询师的帮助,以改变这些行为。如果在青春期初期,男孩对女性内衣裤好奇,或者找来女性内衣裤自慰,一般只要心理咨询师引导恰当,这样的行为都可以得到纠正。

4. 性犯罪

性犯罪是由于长期无法满足对性知识的渴望,对异性充满了好奇,不能自制,就通过伤害他人的方式得到满足的行为。一种是伤害其他人,如性侵女性,来满足自己的性欲;还有一种是伤害自己的亲人，前面章节中提到的熟人猥亵、强奸等。

正确的性教育应该是美好的教育，要注意其科学性。父母应该在合适的场所利用恰当的时机教给孩子基本的性知识，告知孩子青春期男孩女孩的心理特点、社会责任与性道德、性伦理知识。如果父母不懂如何对子女进行性教育，最好向专家咨询或者找相关老师商量，由他们教育孩子，或是根据他们的建议，采取适宜的方式教育孩子。

对孩子的性教育是向他们传授科学的性知识、性道德、性伦理、性文明知识。性教育有其特殊性，比较隐私，所以需要有专业的知识为基础。一般情况下，家长可以参与到孩子的性教育活动中。当然，如果长辈中有人具有较强的性教育能力，那么也可以由这样的长辈负责教育。

在对孩子进行性教育时，不要故意区分"爸爸对儿子进行性教育，妈妈对女儿进行性教育"。只要父母对性有正确的认识，母亲可以跟儿子谈，父亲也可以跟女儿谈。

性教育和其他教育密切相关，要在日常生活中，把健康积极的性知识、性道德、性伦理教给孩子，让孩子有一个比较全面的认识。一个健康的孩子首先要有一个健全的人格，而科学的性教育更是孩子健全人格过程中不可缺少的一部分。

我看过一部电影，名字不记得了，讲的是一对非常年轻就生育了一双儿女的夫妻，最终因为种种原因离婚。此后，母亲积极

上进，重新走进校园，读了博士学位。母亲再婚后，再婚丈夫给予孩子快乐的同时，也给了孩子很多伤害。最终，她离开了这个男人。而孩子的父亲，此后也交了新的女友。周末和孩子相聚时，他总是带着两个孩子运动：玩耍，并参观一些有趣的地方。女儿青春期时，父亲问女儿是否有男朋友，是否知道避孕等。读小学的儿子坐在一旁，听到父亲给姐姐讲性知识，想要离开，可父亲制止了，他要求儿子坐着一起听。于是，父亲同时对十岁的儿子和青春期的女儿进行性教育。我觉得这个做法值得学习。

这部电影不仅呈现了离异家庭、再婚家庭如何教育孩子的问题，还呈现了父亲对儿子、女儿进行性教育的情景。因此，不要认为母亲只能给女儿讲性知识，父亲只能给儿子讲性知识。我的一个女同学，父母离异后父亲再婚，她和父亲生活。父亲是知识分子，很早就对她进行性和婚恋方面的教育。所以，她比较早熟，此后的恋爱、结婚也非常顺利。她说这一切，都要感谢她的父亲能很坦然地和她谈性等方面的知识。

第五章 勇敢地去爱：爱上别人前先爱上自己

遭遇强奸的女性，很难像其他女性一样正常地去恋爱。她们往往很自卑，感觉自己低人一等，不敢主动追求喜欢的对象，也不敢接受心仪男孩的追求。所以，父母作为女孩唯一可以信任的人，发挥的作用是十分巨大和重要的。这个时候，父母一定要对女孩进行开导和劝说，告诉她："要想与深爱的人相处，就得先爱上自己。只有爱自己了，觉得自己值得爱，才能遇到真正爱自己的人。"

第一节　接纳自己，你依然是完美的女人

受过伤害的女性，有很多存在一定的心理障碍。她们特别在乎别人的看法，对自己过于苛刻。有的在陌生人面前不敢说话，更不敢谈恋爱，认为自己不是处女，是不纯洁的女人，不会有好男人爱上自己，害怕再次遭遇异性的伤害，有的甚至患有社交恐惧症。

一般来说，被强奸的女性会有以下几种典型的不良心理（见图 5-1）。

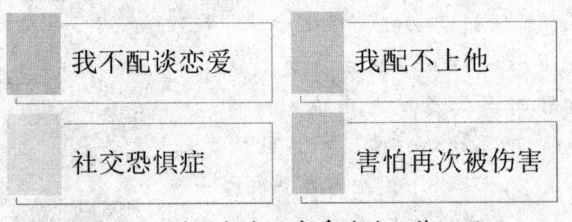

图 5-1　被强奸女孩恋爱时的四种心理

1. 我不配谈恋爱

"我不是处女，不配谈恋爱"，这几乎是萦绕在被强奸女孩心头的一块心病。这种心理是社会建构的结果。在一千多年的时间里，社会要求女性有贞洁观，不能把第一次给了别人，否则就不吉利。

其实，在宋朝之前，贞洁观并不那么重要。司马相如娶了寡妇卓文君，社会还是接纳了他们，并被传为了佳话。卫灵公年纪大了，就给年轻貌美的夫人南子建了单独的住所，对她和其他男子的接触视而不见。

作为新社会的女子，不能被那些陈旧的思想所束缚。遭遇强奸的人也配谈恋爱，也值得好男人爱，也一样是完美的女人。被强奸不是你的错，你和丈夫是平等的，你也可以拥有美好的婚姻，女性要树立这样的观念。

2. 我配不上他

这是自卑心理在作怪，事实上，很多正常的男女都在一定程度上有这种想法。只不过，曾遭遇强奸的女孩更容易被这种思想所左右、所毒害，从而不敢追求自己的幸福。

恋爱是男女之间的相互吸引，相貌、才能、家庭等也是一方面，但有没有感觉，是不是自己在乎的那个人，才是最重要的。如果没有感觉，即便各个方面都很好，恐怕也不能说是爱情；即便在别人看来是幸福的，自己的苦楚也只有自己知道。

配不配得上他，这个问题很难回答，把被强奸的事实也放上去，其他的因素再综合一下，看看对方是不是也是这种想法。如果男友也有这种想法，那就结束交往。如果男友觉得你很好，不认为被强奸的女人低人一等，反而因此更加呵护你，那么你就用心把握住自己的幸福。每个男人对贞操观的认识不同，那些过于在乎妻子是否是处女的男人，就让他们去找处女好了，更多的男人对此持接纳和包容的态度。如今，婚前或恋爱期间发生性行为的人逐渐增多，越来越多男人不再纠结妻子是否是处女。

3. 社交恐惧症

女性因受到强奸和暴力的严重刺激，恐惧社交、恐惧男性、恐惧恋爱，不敢和异性交往，不敢和异性谈恋爱，这也是值得关注的现象。

社交恐惧症又称社交焦虑障碍，多在17～30岁发病，男女发病率几乎相同，常无明显诱因，突然起病，主要症状是害怕在小团体中被人注意，一旦发现别人注意自己就不自然。而遭遇性侵的女性，由于贞操观的影响，害怕再次遭遇坏男人，因此封闭自己，不敢与异性交往，最后甚至不敢外出，这种情况需要及时进行心理咨询或心理治疗。

4. 害怕再次被伤害

惧怕第二次伤害是绝大多数人都有的心理，不仅是遭遇强奸的人才有。所谓"一朝被蛇咬，十年怕井绳"，一旦被一个事物伤害了，就会加倍防范，生怕自己再次受到伤害。遭遇强奸的人，不但害怕恋爱的伤害，更害怕男性带来的第二次伤害。

恋爱本来就是一个饱含酸甜苦辣的过程，那些辛酸的经历，是很多恋爱男女都体验过的。既然是恋爱，就要准备好品尝各种滋味。当彼此感觉非常合适的时候，就要考虑结婚了。没有什么酸甜苦辣的恋爱，严格来说不是恋爱。即使没有遭遇强奸的女性，恋爱、婚姻的过程也不是一帆风顺的，所以并不是因为你曾遭遇强奸就无法拥有好的婚姻，关键在于你是否善于经营爱情和婚姻，是否懂得选择一个真心爱你、善待你的男人。

要想让受伤害的女孩振作起来，我觉得父母的作用是很大的，父母可以从以下几点来劝说她们：

1. 幸福只和自己相关

其实，你幸福不幸福，除了关心你的几个人，谁会在乎呢？"亲戚或余悲，他人亦已歌"，幸福只和自己相关。不要那么在乎别人的看法和想法，这样你的人生才会更加幸福。

2. 被性侵的人也会遇到好男人

遭遇性侵的女孩要从观念上进行转变，不能总是沉醉在过去的伤害中，要把那些不利于自己健康生活的思想全部抛掉，不要总觉得自己低人一等，人都是平等的。只要有足够的自信和魅力，就可以遇到好男人，可以拥有幸福的婚姻。

每个人在不同的阶段可能会遭遇不同的不幸，只是时间或不幸的内容不同而已。你也许因为遭遇性侵而悲伤，她也许因为生来残疾而痛苦，但只要一个人能爱自己，觉得自己是值得被爱的，并努力提升自己各方面的能力和魅力，那么，就会遇到好男人，就会拥有幸福的婚姻。

3. 多培养自己的正面魅力

一个人可以吸引到什么样的人，与他的个人魅力是直接相关的。你是什么样的人，就会吸引什么样的人，所以，要改变自己的作风和风格，把不利于自己交往的那些东西甩掉，建立积极乐观的个人形象。一个充满活力和自信的女人，总能吸引到优秀的男人。相信自己，珍爱自己，提升自己的魅力，真爱就会来到身边。

4. 勇敢地去尝试

不要害怕第二次伤害，人在一生中不被伤害是不可能的，很多事情无法预料。人生就是不断选择和做决定的过程，因此大胆去尝试，一定会遇到珍惜自己的男人。

5. 寻求专业帮助

想要纠正错误思想和见解，很多时候需要进行专业治疗，拖的时间越久，对自己的伤害越深。所以，对那些无法从不幸遭遇中走出来的人，建议寻求专业的心理帮助，进行系统的心理治疗。

并不是有心理疾病的人才需要进行心理咨询，普通人在生活、学习过程中遇到挫折或烦恼，而自己又没有能力去解决时，也可以进行心理咨询。主动进行心理咨询是重视生活质量的表现，因此，在遇到自己无法处理的烦恼和纠结时，寻求专业心理咨询师的帮助，会促使我们更快从痛苦和不幸中解脱出来。

第二节 摆正心态，方能拥有成熟的爱情

当得知你遭遇强奸后，如果你的男友无法释怀，不能接受你，想要和你分手，很多情况下，即便你使出浑身解数，也很难拥有真正的幸福。所以，了解男友的想法很重要。如果男友是一个对贞操特别在意的人，一心要找处女，那么，你就不必勉强这份感情，即使你再爱他，也要学会放弃。否则，就算勉强与他结婚，婚后也未必幸福。而成熟的男人，更在乎的是你的人品，以及相恋之后对感情的忠诚，而不是你是否是处女。所以，慎重选择你的对象，多接触、多了解，不要轻率地走进婚姻。

小萱读大学的时候担任学生会主席。她有很好的身材和皮肤，即使她认为自己很不完美，还是有很多男生追求她。

大一、大二小萱拒绝了很多男生的追求。大三的时候，小萱遇到一个男生，他也是学生会的成员，和她不同系，是一个农村的孩子，家境贫困。那时的恋爱很单纯，除了爱什么也不需要。小萱的父母反对他们交往，认为男孩家里穷，而且农村大男子主义思想严重，况且他学的是地质专业，正所谓"有女不嫁地质郎，一年四季守空房；偶尔回来转一转，带回一身脏衣裳。"另外，男孩长得又高又帅，小萱的父母认为她驾驭不了这样的男人。

小萱不顾家人的反对，坚持要嫁给他。她读过的书告诉她，婚姻需要坦诚，所以，小萱决定把一个隐藏了十多年的秘密告诉

初恋男友,这是她第一次向别人说起这件事。

当小萱告诉男友自己幼年时被强奸的事情后,男友冷静了一会儿,对她说:"让我最后吻你一次。"

伤心的小萱扇了男友一记耳光,跑回了大学宿舍……

出色的小萱一再拒绝别人的追求,但是其他人并不知道她曾被强奸的经历。她的男友,虽然外表又高又帅,但在其他方面却不如小萱出色,同时,他又有很强的自尊心,当得知女友幼年遭遇强奸后,就果断地终止了恋情。可以看出,他有较强的处女情结。

小萱虽然在很长时间里隐瞒了幼年遭遇强奸的事实,但作为女性,在没有确认对方就是结婚对象时,出于自我保护,隐瞒事实也可以理解。男友选择分手,也许是因为太突然,没有心理准备。但如果是一个成熟的男人就应该知道,这个时候其实最应该安慰被伤害的人,而他的做法恰恰是对女友进行第二次伤害。当大家冷静下来,深思熟虑之后,男友或许会向小萱道歉,这时候,小萱需要重新考虑,他们之间的关系是结束还是继续,如果选择和好,那么两人需要对贞操观、处女情结的认识进行必要的探讨,甚至考虑是否寻求专业心理咨询师的帮助。否则,如果不对此事进行任何处理,即使两人结婚,也会留下隐患。

其中最关键的是,男友能不能释怀,能不能放下处女情结。也许有人说,如果真爱一个人,是不会在乎什么处女不处女的,但真要发生在自己身上,就很难说了。

事实上,经过一个晚上的挣扎,第二天男友还是主动找到小萱向她道歉，绝口不提小萱遭遇强奸的往事。大学毕业后，他们按事先商量的日子结婚了，可惜婚姻并不幸福。婚后丈夫开始家暴，甚至有了外遇。最初小萱认为自己低丈夫一等，认为自己不是处女亏欠丈夫，很感恩丈夫不嫌弃她和她结婚，所以处处迁就忍让丈夫。但丈夫不断出现的外遇和越来越激烈的家暴，让她最后不得已选择了离婚。

结婚前，小萱并没有和丈夫探讨处女情结等问题，也没有和丈夫一起纠正错误的认知，而是对遭遇性侵害这件事闭口不谈，匆忙地结婚，结果让自己受到了更大的伤害。

小萱和丈夫是有爱情的，但两个人都是传统思想的受害者。如果在得知小萱幼年遭遇性侵经历后，他能和小萱共同探讨这个问题，或寻求心理咨询师的帮助，然后再决定是否结婚，也许他们婚后不会那么痛苦，更不会以离婚结束这段感情。

因此，当曾遭遇强奸的女性恋爱后，是否要告诉对方自己曾经的遭遇呢？下面，我们先来看一下一般男人在得知女友曾被强奸的几种想法和反应（见图5-2）。

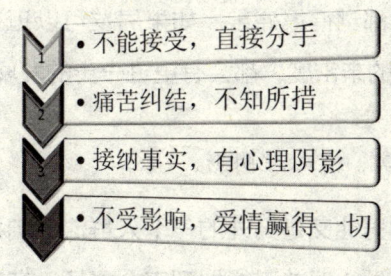

图 5-2　男人知道女孩被强奸之后的想法

1. 不能接受，直接分手

这种情况在恋爱初期居多，因为彼此的交往还不深，感情也没有到无法割舍的地步。这个时候得知女友被强奸的事实，他们往往不能接受。

他们也不需要什么深入的思考，就是不能接受自己的女友已经不是处女的事实，认为这样的爱情已经不完美了。他们往往并不会直接回绝女友，而是冷淡地继续一段时间，然后找一些其他的借口，来结束这段感情。

2. 痛苦纠结，不知所措

这种情况就是男人确实喜欢女友，所以陷入痛苦和纠结之中，反复思量，是应该接受女友呢？还是应该重新开始一段新感情呢？这种情况的人很多。接受吧，又觉得不能释怀；不接受，又放不下女友。

发展方向有两个，一个是分手，一个是继续下去走向婚姻。分手是因为彼此有了芥蒂，有了怀疑，总是小心翼翼地怕伤到了对方，最后彼此都觉得很痛苦。如果男友可以迈过这一道坎，彼此的关系和爱情的亲密度，都会有更进一步的发展。

3. 接纳事实，有心理阴影

这种情况的男性又是另外的一个人群。他们接受了女友不是处女的事实，但是心理并不能做到完全释怀，存在一点点的不情愿和不甘心。为什么我的女友是这样的呢？但是我也没有办法，已经这样了，又能怎么样呢？接受吧！

发展方向也有两种，一种是平平安安也算幸福地过一生；一种是半路婚姻，在过了5年10年之后，男人的性情大变，总觉得自己吃了亏，就去外面找女人，最终导致婚姻和家庭的破裂。

案例中的小萱就是这种情况，他们结婚了，有了两个女儿，但是丈夫开始家暴，开始有外遇，这时候伤害的其实已经是两个人。而女性面对的是家庭暴力和婚姻的解体，遭受的伤害更严重。

在我咨询的个案中，对处女情结比较在意的男性还是占一定比例的。

有一个男孩，大学毕业后多年都没有谈恋爱，因为他内向腼腆。后来他上网认识一个女孩，她主动追求他，直至恋爱、结婚。

婚后，他才知道妻子婚前被强暴过。虽然婚后他们生育了一儿一女，他也很享受妻子的能干，性生活也很和谐，但他心里常常对妻子不是处女而感到不平衡。每次和妻子做爱时就会想象妻子被强暴时是怎样的反应，也经常幻想自己和其他女子做爱的情景，内心渴望和其他女性发生性关系，甚至一直寻找机会发生外遇，却没有离婚的想法。他表面上对妻子很尊重，但内心一直期待找个处女发生性关系。

类似的个案不是少数。即使有的男性有多个性伴侣和多次性经历，但仍渴望妻子是处女。有一个男性，婚前和不同女性有过

较多的性经历,甚至有几个女友都是以处女之身与他相恋,但他还是表示,如果结婚,希望自己的妻子是处女。一些男性在处女情结上,对男女采取不同的标准。如果女性遇到这样的男友,需要谨慎考虑是否要与其结婚,因为婚后可能会因为自己不是处女而遭遇更大的伤害。

4. 不受影响,爱情赢得一切

爱情战胜了一切,包括那些对女性不利的东西。这种情况颇像电影中的桥段,在现实中似乎不太容易出现。但还是有不少人是不受影响的,虽然不能说是什么轰轰烈烈的爱情,但也是普通人的幸福,这是很难得的,是值得珍惜的。这些男人,有些是自己有过性经历或多性伴侣,所以不太在意自己的妻子是否是处女;也有一些是真心爱妻子,真的不在意妻子是否婚前发生过性行为,但这样的男人不多。

其实,即便是在影视剧和小说中,主角往往也是经过了一番痛苦和挣扎之后,才最终获得解脱的。可见,处女情结这个问题,对于婚姻确实有很大的影响力,不能不引起重视。

还有一种情况,是女性在恋爱的中途被强奸,觉得不配做男友的女朋友,而主动选择离开。她们怕给男友带来伤害,所以,不管男友如何挽留和献出诚意,都选择独自面对,从此成为路人。

这种女性应该说是坚强和伟大的,其爱情也是真挚的。人在一生中能够遇到一个在乎自己的意中人,是很不容易的,要不然,那么多的爱情剧还演什么。正是因为爱情的稀缺，少男少女们才如此痴狂地去追求。既然有这样一段真挚的感情，就不要轻易放弃。

一般来说，男性在得知女友的真实情况后，通常会受以下几种心理的影响（见图5-3）。

图 5-3　影响男性的几种心理

1. 自尊心

感觉自己的自尊心受到了伤害，尤其是女友隐瞒了很长时间。恋爱中，一些男性的自尊心是很强的，很多时候，只要发现了女友的欺骗，就会感到很难接受。特别是受传统处女贞操观影响和大男子主义思想严重的男性，他们的自尊心更强。如果他们是第一次恋爱，自己还是处男时，就更加不能接受这种情况。即使因各种原因结婚，婚后他们也会因此常常打骂折磨妻子，或以此为借口发生外遇。

2. 虚荣心

别人的女友那么好，而自己的女友却这样，这让自己很没有面子。不要小看这种情况,因为很多男女谈恋爱,并不是真正想要在一起,而是把恋爱当作试验,看看合不合适,所以一旦知道女友不是处女,也许会直接选择分手。

3. 损益心

觉得自己吃亏了,感觉女方配不上自己,不愿意再继续交往下去。如果女方其他方面都很优秀,可能还有余地,如果女方其他方面很一般的话,分手的可能性就很大了。不过,即便是在一起,由于有了不良的心理,也很难一帆风顺地走下去。

一个女生在中学时遇到一个有家室的中年男人。男人对她呵护有加,女生被感动了,后来男人为了和她结婚离婚了。他告诉女生,因为和她发生性关系后,知道她是处女,才决定离婚和她结婚。而他的前妻在和他结婚前,曾遭遇前男友的强暴,这让他一直不舒服。

---

4. 理想落差

就像很多女性都幻想找到一个白马王子一样,男性也幻想找一个不错的女友,所以当发现自己的女友有很多缺点,尤其是曾被强奸后,就会感觉落差很大,一时难以接受。不过,随着时间的推移,也有男性愿意调整自己对婚姻的期望值,最终进入婚姻。

很多女性朋友想着用其他优点来遮盖或者掩饰自己的不足和缺点，比如能力强、家庭条件好、可以给男性很大的帮助等。这些条件确实对比较成熟或现实、功利心强的男性有一定的吸引力，但对于年轻的男性，他们理想化的程度较高，往往不在意这些现实或外在的条件。

在这里，我认为主要是传统的贞操观影响了人们对遭遇强奸女性的看法。人是受自己的思想和观念支配的，因此我们常常强调婚姻的双方最好"三观"一致。但真正能三观一致的夫妻又有多少？我认为被强奸的女性，首先要学会接纳自己，珍爱自己，不要认为自己低人一等，要把自己看成和丈夫平等的人。在寻找婚姻伴侣时，一定要多沟通多了解，看看对方是否非常在意女性的贞操，是否可以通过爱和努力，让自己的魅力绽放，从而让男友离不开自己，真心接受自己。如果对方很坚定地要找处女结婚，那么即使自己很爱对方，也要慎重考虑感情是否还要继续。

第三节　积极的心理辅导有助走出心理阴影

曾遭遇性侵的女生，因为个人原因，在恋爱的过程中极容易受第二次受伤。她们中的一些人，需要一定的恋爱心理辅导和援助。作为父母，如果能够在这方面给予她们一些正确的建议和帮助,将对她们以后能否得到幸福人生产生重要影响。

小琳是一名大二学生,性格比较内向,不愿意和人交流。小学三年级时,她遭遇了表哥的强奸,因为表哥威胁她,如果告诉家人,就杀了她全家,所以她一直不敢和家人说。直到表哥到外地去读书,她才摆脱了这场噩梦。由于这种经历,她经常把自己锁在家中,读各类文学作品,把自己的痛苦寄托在文字上,高考时她的语文成绩高达135分。

到了恋爱的年纪,因为长得漂亮,语文成绩又好,很多男生追求她。但她不敢恋爱,一方面,她觉得自己胸部发育不丰满,不知是否与幼年的经历有关。另外,她已经19岁了,月经还是不规律,她担心是性侵造成的。她认为自己是一个不正常的女人,将来不能结婚生子。

她主动来咨询,说有一个男生追求她,她也很喜欢对方,但很担心答应他之后,他会因为自己的经历离开自己。另外自己一直月经不规律,将来是否不能生孩子?小琳很纠结,不知该怎么办?

漂亮的小琳身材高挑,但一双大眼睛暗淡无光。长期的压抑、痛苦、自卑,造成她不知怎样对待男生的追求。这属于一般的心理问题,可以通过认知行为疗法得到纠正。

我在帮助小琳调节时,先是从心理上支持她,这样能疏散她的不良情绪,让她建立新的认知,然后用合理情绪疗法帮助其构建合理的认知和评价体系。

合理情绪疗法包括三个阶段（见图 5-4）。

图 5-4 合理情绪疗法的三个阶段

1. 诊断阶段

咨询师的主要任务是根据理论和经验，对求助者的问题进行分析，找出他们情绪和行为不正常的表现，以及与其相应的诱发事件，并对两者之间的不合理信念进行诊断和分析。

2. 领悟阶段

咨询师的主要任务是寻找和确认求助者的不合理信念，让其领悟到这些信念不是由于早年的生活经历造成的，过去虽然有影响，但最关键是求助者现在所持有的不合理信念，所以，每个人都要为自己的问题负责任。

3. 修通阶段

修通阶段是这一疗法的最核心部分，咨询师通过运用多种技术，使求助者改变或者放弃原有的不合理信念，代之以合理的信念，从而改善不良的情绪和行为。与不合理信念进行辩论是这一阶段非常具有特色的方法。

我根据小琳的情况，对其初步诊断为一般的心理问题，将咨询次数定为四次，每次时间为50分钟，遵循着诊断阶段、咨询阶段和巩固阶段的顺序来进行。

第一次咨询，我以倾听和鼓励求助者诉说、让其合理宣泄不良情绪为主，并表达了对求助者心理和行为的理解。小琳内向胆小，再加上被伤害过，所以比较自卑，认为自己不配谈恋爱。但现在遇到一个喜欢的男生追求，想恋爱又担心再次被伤害，因而出现失眠、烦恼、纠结等情绪和状态。

第二次咨询，我帮助小琳认识和理解自己存在的问题，找到她所支持的不合理信念，并用合适的方法去除。我和小琳一起探讨了关于她胸部不丰满的原因。一方面，也许幼年的经历让她讨厌自己女性的身份，所以对胸部发育产生了一定的影响，但不是必然的影响。因为也有些女性遭遇过性侵，但胸部发育一样比较丰满。此外，小琳非常瘦，身高165厘米，体重才90多斤，所以胸部不太丰满也是正常的，如果能胖一点，胸部自然会丰满一些。我也与小琳探讨，是否所有的男人都喜欢丰满的女性呢？事实是萝卜白菜各有所爱，每个人都有自己的审美标准。

另外，我也与小琳一起分析，胸部的大小对未来的哺乳是否有影响呢？我让小琳上网查找答案。对于小琳对月经不规律的担忧，我了解到小琳初潮是16岁，比一般女性迟，所以在月经最初的几年不太规律也是正常的。如果担心这个问题，可以到医院看看妇科，听听医生怎么说。而且，小琳年后刚从家乡回到学校，因为水土不服等原因，也会造成月经紊乱。

我还要求小琳写下自己关于恋爱的一些看法和自我评价，然后让别人评价，找出其中包含的绝对和片面的信念。让她关系最好的同学，评价她的看法，以便让她接受不同的反馈，拓宽狭隘的思路。

第三次和第四次咨询时，我修通和巩固了咨询成果，修正和改变了小琳不合理的信念。小琳在母亲的陪伴下去看了医生，医生认为她月经没有太大问题，给她开了一些调经的中药。对于胸部发育问题，医生也说她太瘦了，希望她以后稍微多吃一点。医生也告诉她，她的胸部对未来的哺乳不会有影响。另外，关于那个男生的追求，小琳答应先和他做普通朋友，接触一段时间后再做决定。此外，我还和小琳探讨了关于恋爱方面的一些问题。

通过几次探讨，以及一些放松疗法的配合，小琳的情绪大为好转。小琳过去认为自己不是一个正常的女人，将来不能结婚生子，所以不敢和异性接触，但现在通过咨询和看医生，她知道自己是个正常的女人，将来也可以结婚生子，她很开心。

另外，我还与小琳探讨了将来是否应该将自己幼年遭遇性侵的事告诉男朋友或丈夫。如果告诉会有什么样的后果？如果不告诉又会怎样？如果一定要告诉对方，什么时机比较合适？通过探讨，小琳认为过去被性侵的事属于自己的隐私，不一定非要告诉对方。只要两个人在一起之后，对对方忠诚就可以了，如果对方坚持要找处女，那么她会选择离开。另外，小琳的语文成绩特别好,她开始尝试向一些报纸、杂志投稿,增加自信。

对于曾被强暴的女孩,除了向心理咨询师求助外,来自父母的安慰也很重要。父母是子女最信赖的人,也是最重要的支柱,如果父母对子女心灰意冷了,无疑是对其最大的心理打击。父母需要向孩子传达以下几方面内容(见图 5-5)。

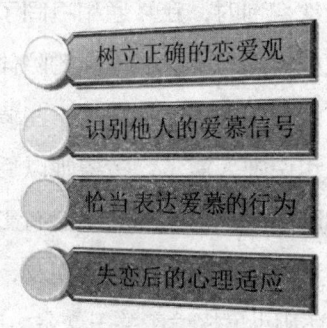

图 5-5 父母需要教导的内容

1. 树立正确的恋爱观

恋爱,是青年男女表达爱慕的过程。很多人认为爱情是高尚的、伟大的,肯定都是快乐和幸福的,不会有那么多的挫折和不开心,这其实是把爱情理想化了。现实生活中的爱情,总有很多磕磕碰碰,因此勇于面对爱情中的各种考验,才是一个人真正走向成熟的标志。

爱情是人与人之间强烈的依恋、亲近、向往的情感。爱情不一定都是甜蜜的,也存在着各种困难和阻挠,存在着各种不一样的情绪。如宋朝词人李煜的"剪不断,理还乱,是离愁,别是一般滋味在心头",这都是很正常的。对爱情有正常的认识和心理准备,才能很好地解决在爱情中遇到的一些问题和困惑,处理好与恋人的矛盾,以及与学习、事业等方面的关系。

2. 识别他人的爱慕信号

被伤害和内向的女孩,往往因为自卑,认为自己不配谈恋爱,不敢接受或大胆追求爱情。其实在面对对方的爱慕信号时,要引起注意,并根据自己心里的想法做出适当的回应。

最常见的信号就是,对方总是向你这边看,关心你吃什么、喝什么,总是照顾你,你说话的时候总是认真倾听,送你回家等等。这些恋爱信号看起来简单,却是很珍贵的,并不是经常有的。很多追求者就是因为女方不回应,最终放弃了。

3. 恰当表达爱慕的行为

女性害羞而含蓄,很多时候,喜欢一个男性也不好意思直接表达出来。但是,女性的一些行为可以显示出她很喜欢这个男性。在主流的恋爱方式中,一般都是女性安静地准备好,等待男性过来打招呼,但女性不是什么都不做,而是要表达出自己的爱慕之情。

比如说,对自己喜欢的人微笑,故意在他出现的地方经过,在他面前表现自己的优点,为了见他精心打扮,表现一点吃醋和紧张情绪等等。但不要有过分和过激的行为，那样会让对方觉得你是一个大胆而另类的人，可能会因此远离你。

在恋爱的过程中，要保持一定的理性和分辨能力，不能丧失理智，不能搞得像没有了对方就活不了了一样，这样反而会吓到对方。爱情不是生命的全部，更不是人生的一切，所以需要理智地对待爱情。

4. 失恋后的心理适应

失恋是正常的，并不是所有恋爱都能修成正果，很多人都是经过好几次恋爱，才最终成长起来，并拥有了自己的意中人。失恋后一时的悲伤和痛苦是正常的，但要及时走出来，及时进行疏导和化解，不能影响到自己以后的生活。

切记不能一蹶不振，不能打击报复，不能悲观厌世等，这些都是极为不好的情绪。可以选择向朋友和亲人倾诉，可以大哭一场，可以寄情于山水之间，让自己的心情变得开阔，也可以将感情和精力转移到其他方面，从而在升华自己的境界中，获得提升和补偿。如果实在无法走出失恋的痛苦，也可以主动寻求心理咨询师的帮助。

第四节　因为被伤害而反感异性

在现实生活中，有些人由于受到一定心理刺激或类似性侵事件的影响，会出现假性同性恋倾向。他们的性取向出现偏差，但大多随着年龄的增长，会自然而然地转为异性恋。因此，如果父母发现子女可能是同性恋，也不要过于担心，因为很多情况下不一定是真的同性恋。

晨琳12岁的时候受到了邻居家叔叔的骚扰，虽然因家长发现及时她并未被性侵，但从此每天晚上她都开着灯睡觉，除了将门上锁，还用书桌抵住门。成年之后，她依然保持着这个习惯。更严重的是，她感觉自己的性取向出了问题，她觉得男人很脏、很恶心，看见男人就很讨厌。

初二时，她很喜欢班上一个女同学，每天带水果给那个女同学吃，还叫她老婆，整天和那个女同学黏在一起。她跟妈妈说将来要和那个女同学结婚，到国外去结婚。妈妈仔细斟酌后告诉她，只要她愿意，会尊重她的决定。

她很感激自己的妈妈，就告诉了那位女同学，结果那个女同学很紧张，表示还没有和妈妈说，妈妈可能不愿意。半年之后，她们的感情就淡化了，两人自然分开了。

高二时，有一个男生追求她，她也对这个男生有好感，于是问妈妈是否可以和他恋爱。妈妈问了一下那个男生的情况后，给她的底线是：如果恋爱，不要影响学习，也不能发生性关系。两人于是恋爱了。

交往了一个月后，她感觉那个男生总是控制和限制她的自由，连她和女生打电话时间长了也和她吵架，严重影响了她的学习，所以，她果断选择了分手。此后，她顺利地考上大学、研究生。工作后，她很正常地恋爱结婚，现在有一双儿女，生活非常幸福。

之所以要鼓励青春期的男孩女孩多交往，这也是一个重要原因。他们正处在性观念朦胧的阶段，如果过于阻挠他们和异性交往，说不定他们就会和同性发展亲密的关系。现在网络信息多，很多同性恋在网上找爱恋的对象，他们建立同性恋微信或qq群，甚至把一些异性恋也拉进群里。研究表明，第一次性经历对建立恋爱关系十分重要，如果第一次性经历来自异性，通常为异性恋；如果第一次性经历来自同性，那么原本为异性恋的也可能被引诱为同性恋。如果要转变为异性恋，需要进行心理治疗。

有研究发现，有一次同性恋经历的人远远多于有多次同性恋经历的人，这就说明，很多同性恋都不是真的同性恋，仅仅是一定时期内出现的暂时现象，过一段时间就会自行消失。特别是在青春期，孩子们非常渴望获得同伴之间的支持和友谊。比如当孩子转学到一个陌生环境中时，同性之间的关系就很密切。现代人称呼也比较随便，女同学之间也经常互称老公老婆。经常有学生问我，她们是否是同性恋，我的答案是她们并不是同性恋，仅仅是同性间的正常友谊，不必担忧。

我初中时和一个女同学关系非常好,经常帮助她。在大多数同学心中,我就是一个女英雄和女豪杰。那个女同学经常叫我老公,大家也经常取笑我们是一对。上大学后,她每周给我写一封信,每封信都长达10页,还要求我也写这么长的回信。在我大学还没有毕业时,她就结婚了,和丈夫感情一直非常好。

根据弗洛伊德的心理学理论,社会上的每一个人都有双性恋的倾向。但如果是真同性恋,一般无法通过心理咨询或心理治疗矫正,需要做到的就是接纳自己。同性恋还属于非主流文化,他们往往压力很大,而且常常要面临外界异样的眼光,家人也不太容易接受。由于同性恋无法完成传宗接代的任务,往往会使父母异常痛苦。所以,如果真的是同性恋,最好能通过心理咨询,让家人接受同性恋的事实,但如果是假性同性恋,通过心理咨询或心理治疗,可以恢复为异性恋。

很多青春期的同性恋并不是真的同性恋,而是在一定时期、一定环境下呈现的一种状态,所以不必大惊小怪。一些父母感觉天塌地陷了,其实完全没有必要,过一段时间他们自己就会恢复正常。

第六章 智慧经营：收获和谐美满的婚姻

婚前有被

强暴经历的女性，在婚后要想过上幸福的生活，对于是否将遭遇性侵的事告诉丈夫，需要权衡判断，慎重决定。同时，还要了解丈夫是一个持有怎样性观念的人。如果婚前就知道对方有处女情节，那么就要谨慎考虑了。除此以外，女性结婚后，在经营婚姻时要有智慧，不但要自强自立，还要多照顾丈夫的情绪。当丈夫实在不能释怀时，就带他去看心理医生，以改变他的观念，帮助他接受并回到现实生活中来，而不是轻率离婚。

第一节　包容、理解丈夫，和他一起成长

曾遭遇性侵的女性在走进婚姻生活后，容易因为之前的经历引发一些家庭冲突，从而让和谐的家庭蒙受阴影。这其中，有丈夫的原因，也有妻子自身的问题。很多女性因为心理阴影，在性生活等方面，往往无法和丈夫较好地配合，这也成为婚姻裂变的原因之一。

丽梅幼年曾遭遇性侵，她认为自己是一个不纯洁的女孩，不敢追求爱情。但在读研究生时她遇到了王锋，被王峰的英俊、才华所吸引，而王锋也欣赏她的善良和美丽，他们恋爱了，因为都是初恋，彼此都很珍惜，决定研究生毕业一年后结婚。丽梅一直纠结是否要告诉王锋自己幼年的遭遇，最后她认为爱情必须忠诚，就在结婚前告诉了王锋自己童年时的伤心往事。王锋答应今后一定会好好爱她，她很感动，他们按计划结婚了。但在新婚之夜，王锋喝了酒，上床后竟然说了一句："我这一生最大的遗憾就是没有娶到处女。"丽梅给了他一耳光，痛哭了一个晚上。吵闹声惊动了家人，他们没有告诉家人为什么吵架，在家人的规劝下，他们不再吭声。

此后，他们再也没有说过这件事。丽梅认为亏欠了丈夫，很

感谢丈夫不嫌弃她,所以对丈夫百般地好,但丈夫却经常以各种理由打骂她,甚至有了外遇。结婚一年后,他们生了一对双胞胎。丽梅以为孩子的出生也许能够让丈夫不再纠结她不是处女的事,但没想到,丈夫却更加不在乎她的感受,经常不回家,即使偶尔回家,也以各种理由打骂她。为了给孩子一个完整的家,丽梅决定忍气吞声,但这并没有换来丈夫的感动。在丈夫一次又一次的外遇和家暴后,丽梅不堪忍受,最终提出离婚。丽梅说,从结婚开始,她就不敢和丈夫平等相处,她总认为自己不是处女,低人一等,所以处处迁就丈夫,却导致丈夫越来越不尊重她。

丽梅非常爱丈夫,也很在乎丈夫的想法,虽然很理解丈夫的处女情结,但彼此之间却没有对此进行探讨和沟通。虽然婚后她选择隐忍,但那个心结却一直存在于他们心中。所以,她的委曲求全并没有得到丈夫的同情和理解,反而得到变本加厉的伤害。这件事告诉我们,妻子婚前应该和丈夫就处女情结进行沟通和探讨,婚后在情感上对丈夫进行安抚。丈夫不知向谁诉说内心的纠结和痛苦,一方面认为妻子是个好女人,另一方面却以打骂的方式发泄心里的不满情绪。

你可能会觉得这样的男人观念太守旧,既然接受了妻子,就要不计前嫌。的确,男人不该动不动就对妻子大打出手,但女性也有责任,如果能寻求心理咨询师的帮助,他们也许就不会走到离婚的地步。那么,被强奸的女性在心理方面,存在哪些典型的问题呢?(见图6-1)

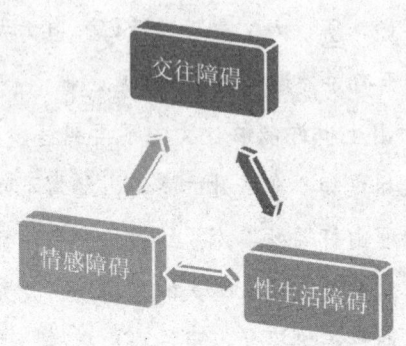

图 6-1　被强奸女性的心理问题

1. 交往障碍

曾遭遇强奸的女性，自卑的同时内心又极度渴望被尊重，这致使其在婚内交往中，也无法和丈夫很好地互动，特别是双方都不知道怎么讨论关于贞操或处女情结的问题。因此，遭遇性侵的女性要么感觉自己被伤害了，感到委屈难过；要么感觉对不起丈夫，不知道怎么弥补才好，也不知如何和丈夫交流自己的感受。种种不良表现对婚姻也会产生伤害。

2. 情感障碍

女性童年遭遇性创伤，会影响到成年之后的亲密关系，她们往往不知道如何表达情感，如何宣泄情绪。安全感的丧失，使其经常陷入恐惧之中，一方面渴望被关注、接纳；另一方面，却对丈夫的关怀和理解不能很好地分辨和回应，往往伤害了丈夫的情感。

3. 性生活障碍

早年被强奸的经历，会造成女性患上男性恐惧症，既渴望获得异性的爱，渴望享受性爱，但又恐惧和异性建立亲密关系，不敢享受性生活带来的愉悦。而且，也不知如何和丈夫就性生活的问题进行沟通和探讨，影响性生活质量。

同样，男性在得知妻子被强暴的事情时，主要有以下几种反应（见图6-2）。

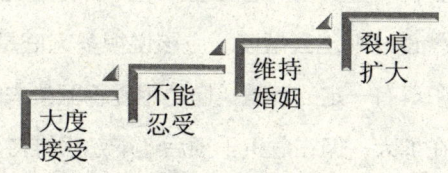

图 6-2　男性对于妻子被强奸后的心理反应

1. 大度接受，对婚姻影响不大

因为已经结婚了，离婚需要付出很大代价，而且从心理上讲，妻子也没有什么过错，是受害者，没有离婚的理由，这样想的男人会选择继续婚姻，甚至更加善待妻子、珍惜妻子。应该说，他们的性格和人格都是比较健全和成熟的，人品也好，能给予女性一定的包容和理解，在以后的婚姻生活中，会继续珍惜家庭、珍爱妻子。

2. 不能忍受，选择终止婚姻

有些人在结婚后才知道妻子曾被强暴的经历，所以有被欺骗的感觉。在百般纠结之后，有的会选择离婚。这样的人，究竟占多大的比例，不得而知。但有这种想法的男性，确实是比较多的，只不过有些只是一闪而过的念头，因为真要离婚还需要考虑很多现实的问题。

3. 维持婚姻，但出现裂痕

有些选择继续婚姻的男性虽然在事实上接受了妻子，但在心理上始终没有接受，一直存在抗拒心理。一种情况是裂痕很轻微，一段时间过后，就逐渐烟消云散了。应该说很多家庭是这种情况的。特别是那些妻子具有一定的智慧，懂得用爱驾驭丈夫的家庭。另一种情况是裂痕在扩大，但在危机干预后还能勉强维持，虽然存在各种的不和谐，甚至是家庭暴力、性暴力等，但依然可以维持。

有位男性在心理咨询时告诉我，由于他的妻子曾经遭遇过强奸，虽然他们夫妻感情还可以，他也比较欣赏和呵护妻子，但在过夫妻生活时，他有时会不顾妻子的意愿强行发生性关系，甚至采取暴力的形式。一方面，他想体验一下强奸妻子的感觉，看看妻子的反应是什么；另一方面，他想通过这种方式获得一种平衡和满足，也觉得这样比较刺激，可以增加自己的快感。

上例中这位男性的做法，如果长期存在，对彼此都是一种伤害，因此最好进行心理干预和治疗。

4. 裂痕扩大，甚至导致离婚

有些男性在经过纠结后，出现了暴力、性暴力、外遇等情况，婚姻最终走到了尽头。这种情况无论对男性还是对女性的伤害都是很大的。有些男性可能因为无法承受离婚的代价，选择维持婚姻，但在心理和行为上都无法接受妻子，爱情荡然无存，亲情极为冷漠，家庭毫无和谐感。这样的婚姻生活，既是对夫妻双方的伤害，也往往会伤害到其他人。

因此，我建议有被强暴经历的女性，如果你在婚前没有告诉丈夫实情，婚后却被丈夫发现了，那就让他自己做选择。如果他选择继续和你在一起，你就要在生活中对其进行安抚和关心。

虽然女性遭遇性侵并不是自己的错，但毕竟受传统思想的影响，男性无法做到完全释然，这点也需要妻子理解，并给丈夫时间化解心中的困扰。同时需要注意以下几点。

1. 尊重丈夫

互相尊重是良好相处的前提，一些女性朋友在生活中，做任何事都以自我为中心，从不考虑和顾及别人的感受，时时生活在自己的内心世界中，表现在夫妻生活中就是自私与固执，不会关照和体贴人，这很容易给丈夫带来负面情绪。

特别是新婚夫妻，年轻的丈夫会对性生活充满渴望，那么妻子在这方面应多给予配合。而遭遇性侵的妻子，有的会克制自己的性冲动，这方面需要做调整，尽量在性生活方面满足丈夫，这样更有助于生活的和谐。

2. 进行心理调适

曾遭遇性侵的女性要调整自己的心态，看强奸事件是否影响到自己的人际交往和性生活质量。如果有，尽量选择一种合适的方式，让自己从阴影中走出来；否则，即便丈夫短时间发现不了，时间长了，也是纸包不住火。特别是性生活方面，应根据夫妻的实际情况多做交流和沟通，不要让曾经的伤害影响现在的性生活质量。

3. 纠正负面情感

夫妻生活中，要寻找和选择合适的情感表达途径，要大大方方，而不是过于高亢或者低微，显得自己处处像一个受害者，时时像是受了委屈，多数丈夫都是受不了这种情绪的。审视一下自己的情感表达，是不是存在这些问题。如果存在，就找人寻求帮助，对其倾诉，看看怎么办。自己憋在心里，往往更找不到解决的方法。如果条件允许，最好能寻求专业人员的帮助，找合适的心理咨询师，让其帮自己走出阴影，坦然面对全新的婚姻生活。

现代社会，人们已经越来越重视心理健康。我们建议遭遇性侵的女性，即使当时没有条件做心理咨询，在选择伴侣或结婚前，最好能进行心理咨询。在专业心理咨询师的帮助下，调整心态，做好进入婚姻的准备，这样才能更好地经营婚姻。

4. 体贴关心丈夫

很多男士在生活中表现得很绅士，比如会殷勤地替女士脱外套，会主动帮女士开门，逛街会帮女士拎东西等。女性朋友们应该怎么做呢？尤其是那些有过受伤经历的女性，更加要懂得细心体贴的重要性，男性对于女性的温柔往往是无法抵抗的。

5. 享受和谐性生活

遭遇性侵害的女性可能会出现男性恐惧症之类的症状，无法和丈夫进行和谐的性生活，时时拒绝丈夫的示爱，这是不合适的。如果自己无法调适，那就寻求专业心理咨询师的帮助。性修养也是夫妻生活的一部分，而且是极为关键的一部分。不管是男人主动，还是女人主动，享受鱼水之欢，才能让夫妻关系更加稳固、和谐。

我国很多人羞于谈性，即使结婚多年，有些夫妻也不谈性生活的问题。其实，很多夫妻离婚的主要原因就是性生活不和谐。一般年轻的夫妻正是性欲望最强烈的时候，因此只要彼此沟通得好，都能很好地享受性生活。而遭遇性侵害的女性，对自己的性需求会比较压抑、克制，结婚后也会回避丈夫。这让原本就心生不满的丈夫更加愤怒，所以新婚夫妻一般不建议太早要孩子，先用两三年的时间享受二人世界，在性生活方面对丈夫体贴、温柔，这样的婚姻更加容易维持，满意度也更高。

曾遭遇性侵的女性只有克服自己的心理障碍，并协助丈夫一起克服处女情结、贞操观等心理障碍，寻找双方和谐性生活的方式，夫妻关系就能更好地维持下去。

第二节　理性沟通，远离家庭暴力

家庭暴力简称家暴，是指发生在家庭成员之间的，以捆绑、殴打、禁闭、残害或者其他手段对家庭成员从精神、身体、性等方面进行伤害和摧残的行为。家庭暴力直接作用于受害者的身体，使受害者身体上或精神上感到痛苦，损害其身体健康和人格尊严。

解决家庭暴力的关键是要从心理上认同男女性别平等的观念。我接触到一些绝不打女人的男人，他们在思想上有相同的认识，就是认为打女人的男人是最无能、最没有出息的。

我大姐夫非常爱我大姐，他们的儿子受我姐夫影响，对妻子也非常好。谈到家暴问题，我外甥认为，他最看不起那些打妻子的男人，妻子是用来爱的，不是用来打的。我的另一个朋友是监狱的狱警。他说女人不经打，如果他一拳下去，妻子会被他打残，所以就算再生气，他宁可捶捶自己的胸或击打墙壁，也不舍得打妻子。所以，我认为家暴的根源，还是个人主观认识上的问题。

性暴力，是指任何违背他人意愿的性接触。这些攻击包括武力强迫、威胁、恐吓等。家庭性暴力，主要是指结婚以后，发生在夫妻之间的性暴力行为，当然也包括对其他家庭成员的性暴力。

要远离家庭性暴力，我认为，首先男性要学会尊重女性，不能在性生活中表现的过于大男子主义，否则就会令对方难以接受。

其次，男女双方都要学习和谐的性生活技巧。在丈夫有性需求时，妻子要适度的满足丈夫，不能长期一味的拒绝丈夫，长此以往就会使情况更加恶化，导致家庭暴力。

当然，如果妻子曾经有过被性伤害的经历，婚姻内又再次遭遇性暴力，这无疑会对女性造成更大的伤害。因此，作为女性，也不要一味的忍让和逃避。如果不想离婚，就需要和丈夫一起协商，或者寻找心理咨询师或专家的帮助，在继续婚姻和性生活的同时，让自己不再受到伤害。如果实在没有办法继续婚姻生活，那么也可以选择离婚。

出现家庭性暴力后，要及时寻找原因并进行性生活等方面的调整。

1. 找出丈夫性暴力的原因

男性之所以有性暴力行为，有性格的原因，也有传统观念的原因，还有屡屡遭到女性拒绝的原因。不同的男性，发生性暴力的原因是不同的，因此只有找到了真实的原因，才能采取恰当的对策。

2. 要求丈夫尊重自己

多普及一些男女平等的观念，包括在性行为之中也不要总是男性主动，有时女性也可以尝试主动一些，这样性暴力发生的机会反而会更少。实际上，很多男性也是懂得尊重女性的，但女性往往不主动坦诚自己的感受，男性自己意识不到是在伤害她们。

3. 调整性生活质量

和谐的性生活是关键。妻子不能总是拒绝丈夫的性生活要求，毕竟他们的要求是合理的，至于性生活中存在的各种令人难以接受的行为，需要和丈夫及时沟通，或协商进行心理辅导等。

4. 学习性生活知识

夫妻彼此都要学习性生活的知识，改进自己的性生活技巧，提高彼此的满足度，这样出现性暴力的机会就会大大降低。实际上，很多性暴力本身就是因为性生活得不到满足而发生的，所以女性学习或者带着丈夫一起学习一些性知识，显得尤其重要。丈夫懂得了相关的知识，一些粗鲁行为自然就少了。

5. 加强情感交流

和谐的家庭生活需要彼此交流感情，消除误会。一些家庭中，由于缺乏情感交流，一点小事或摩擦都会被放大，最后弄得无法收拾。因此，夫妻双方都需要学习处理家庭矛盾的技巧。包括性生活本身在内，夫妻双方有什么需要和要求，都应该说出来，这样彼此误解的概率就会降低。

夫妻之间应互相满足对方的需求，坦诚倾诉，尤其在性方面多沟通，这样才有利于性生活和谐。性爱的完美也有利于提升和改善夫妻关系，这需要夫妻双方共同努力。

第三节　不断完善自己，才能拥有高质量的婚姻

第一次结婚前，我看了很多关于恋爱和婚姻方面的书，但我的第一次婚姻还是以离婚结束。如今再次进入感情生活的我，通过不断的学习提升自己，学会了换位思考，多关注对方的优点，多夸奖对方，感恩对方的付出，多改变自己，家庭生活中运用快乐原则，而不是对错原则。如今我的生活幸福指数越来越高。

很多事情，只有亲身经历了，才知道自己想要的是什么。如今的我，因为曾经的伤痛，成为了一名心理咨询师和高级婚姻家庭指导师。我用自己的经历和感悟去帮助更多的人经营好他们的婚姻，帮助更多的再婚夫妻找到的幸福，并在大学开设婚恋指导课，对大学生进行婚前培训和教育。总结多年的心理咨询经验，结合自身经历的感悟，我认为，女性想要得到幸福，一定要用智慧用心经营婚姻，同时尽量让自己经济独立和身心独立，不要过度依赖男性。

离婚后的王霞长时间不敢再婚，主要原因是她和女儿们生活在一起。作为妇联干部的王霞长期接触女童被强奸案例，这使她对女儿和继父单独在一起顾虑重重，担心女儿的安全。即使她相信这个世上有很多优秀的男性，但也不敢拿女儿的幸福冒险。

女儿们在外求学后，王霞成了真正的单身女人。于是，离婚10年后，她开始考虑再次结婚的问题。这个时候，一个男人疯狂

地爱上了她，不顾一切地想要和她结婚。已经年过 40 的王霞，决定和他结婚。

婚前王霞也知道丈夫有些不良嗜好，特别是爱赌，但她想着小赌怡情，也许年纪大了就能改变，但婚后才发现，他不仅爱赌，而且把业余时间都耗在了赌桌上，他把自己和前妻生的女儿丢给了王霞，然后如单身汉一样沉迷在麻将桌上。

王霞发现这个男人要找的不是妻子，而是母亲。身为男人，他渴望被爱护、被照顾。婚后王霞才了解到，他的母亲是因为抑郁症自杀的，并不是他说的病逝。自杀的原因可能和受丈夫长期粗暴对待有关。他还隐瞒了有一个妹妹，他的妹妹在新婚后不久，因不堪和丈夫吵架也选择了自杀。这样的家庭背景，让王霞丈夫的脾气也如他的父亲一样粗暴，遇到问题不善于控制自己的情绪，而是用赌博宣泄自己的痛苦。

本着不伤害孩子的原则，王霞善待丈夫的女儿，毕竟父母离婚已经让继女过早品尝了不幸，何况继女是无辜的。想想离婚后自己两个女儿的遭遇，王霞不希望继女因为父母离婚成为一个弃儿，成为社会的累赘。她把继女教育得非常好，继女考上一本后，又读了研究生。但是王霞的丈夫经常在输钱之后，让那些赢钱的人找王霞要钱，这让王霞非常痛苦。

王霞说，第一段婚姻中她曾经全身心地爱前夫，但离婚让她明白，她不懂得爱自己。再婚后，她明白自己只是一个普通女人，不是上帝，无法拯救所有人。

王霞起诉离婚了。第一次起诉，她并没打算真的离婚，她想如果丈夫能改掉赌博的恶习，就继续好好过日子。可惜丈夫不但恶习不改，甚至还乘王霞出差之际，把性工作者带回了家。王霞发现后平静地问丈夫，他承认是自己酒后失控，并乞求王霞的原谅。王霞说，自己一再降低对丈夫的要求，但这次触碰了她的底线。她再次起诉离婚，又回到了单身。

王霞认为自己是离过一次婚的女人，哪能要求太多，明知道对方有不良恶习，还是草率地嫁给了对方。她本以为经历第一次婚姻后，自己更加懂得宽容，但最后发现，她根本没有能力拯救一个嗜赌如命、过于自由放纵的人。

所以，提醒女性朋友，不要因为自己离过婚，就降低对对方的要求，毕竟你要找的是陪伴你后半生的人，还是要多接触和了解后再做决定。

我的经历让我对婚姻生活有以下感悟：

1. 再婚后，我开始理解母亲。

我的母亲嫁给父亲时，父亲带着3个子女，母亲新婚就做了3个孩子的继母。儿时的我和同父异母的大姐感情最好，所以看不惯母亲对待大姐他们的态度，认为她不是好继母。所以我对她的态度也不好，也不亲近她。工作后，我对母亲的责任就是给她钱，但不给她爱。

直到我再婚后，我才知道母亲的不容易。在那个物资匮乏的时代，母亲养活我们7个子女，却从没在我们面前抱怨过大姐他们。如果是我,也做不到像母亲这样。我开始真正理解母亲,并对母亲有了深厚的爱。这是再婚带给我的最大收获。我想老天爷让我再婚,就是为了搞好我和母亲的关系,让我去理解母亲,热爱母亲。现在母亲年事已高,让她老人家安享晚年是我最大的心愿。我每天给她打电话,尽量多抽时间回家陪伴她,而不是仅仅给她钱。

2. 懂得如何面对家暴

前面案例中的王霞,她和再婚丈夫发生矛盾时,丈夫有时会打她,甚至把刀架在她脖子上,威胁要杀了她。开始的时候,王霞说她很怕自己死了,两个女儿没人照顾,母亲没人赡养。第一次提出离婚,王霞的丈夫把电视机都砸坏了;第二次提出离婚,他把王霞打得浑身是伤;第三次提出离婚,他威胁要杀了王霞。王霞说,在妇联工作时,自己经常组织学习心理学的课程。其中有一个活动是说"如果这是生命的最后一天,你该怎么办?"一直以来,王霞认为她不能死,她要养女儿和母亲。但那次,她发现即使她死了,母亲和几个女儿依然有人照顾,失去了她,她们一样能过好日子。原来,她可以死去。王霞说,从那开始,她不再恐惧死亡。

所以,当丈夫再次威胁要杀了她时,王霞说她比丈夫更凶。过去,丈夫知道王霞怕死,总威胁要杀了她,但这次,王霞对丈夫说:"我死了没关系,我有那么多兄弟姐妹,有人照顾母亲,母亲的墓地我们都买好了。我的几个女儿都工作了,她们的父亲也会照顾她们,所以我没什么牵挂,你不要用杀死我来威胁我。可你呢?你有女儿,你如果杀了我,谁敢和一个杀人犯的孩子结婚?你的母亲因为你父亲的家暴自杀,我不会自杀,但我现在也不怕死。"她冲进厨房拿出刀来,对丈夫说:"你信不信,我会杀了你?"王霞说,当时她非常清醒,知道自己不会真的杀了丈夫,她不会蠢到做出违法的事。但王霞的丈夫相信她已经不再恐惧死亡了。之后,丈夫再也不敢对她施暴了。所以,面对家暴,妻子首先要了解丈夫的底线。通过合适的方式方法,控制丈夫的家暴。当然,对于那些亡命之徒,也不能把他们逼得无路可走,造成死亡事件对家庭是无法挽回的伤害。

另外,对于家暴不要以暴制暴。很多女性长期遭受丈夫的家庭暴力,隐忍多年,非常痛苦和压抑,有人竟趁丈夫喝醉酒不省人事时,将丈夫杀害,毁了整个家庭。这完全没有必要,新的反家暴法已经实施,一方面我们可以借助法律的手段保护自己,另一方面需要了解丈夫的软肋,用恰当和适合的方式惩治丈夫,让他改掉家暴的恶习。

王霞告诉我,她当初非常爱她的前夫,所以面临前夫的家暴,她除了以泪洗面、默默忍受外,完全不知怎么办。虽然前夫也爱她,但打她已经成为习惯。她的前夫再婚后,遇到一个彪悍的女人。那个女人经常到前夫的公司,当着员工的面打砸公司,在家里也经常拿刀说要砍他。结果,他很怕那个女人,根本不敢动手打她。和她在一起生活,他完全不敢家暴,他是一个爱面子的人,怕丢脸。王霞说,当初她就是太顾及前夫的脸面,所以才忍气吞声不敢和他吵架。可前夫现在的妻子非常泼辣,一点也不顾及他的面子,他反而不敢家暴了,怕得罪妻子,怕妻子闹事让自己没面子。由此看来,每个男人的软肋不同,了解自己的男人,才能采取更加有效的方法,制止家暴。

3. 爱别人也要爱自己

过去,我问前夫,你最爱的人是谁?他经常回答最爱自己。我觉得他很自私。但现在,我认可这个观点。我们不能自私到只爱自己,但我们在爱别人的同时,也不要忘了爱自己,对自己好一点。在第一段婚姻中,我太爱初恋的丈夫,那时的感情单纯又善良,在爱情中迷失了自我。我忽略了自己,一味地迁就他,我的泪水从来没有停止过。第二段婚姻,我考虑到爱和付出需要互相平衡,我开始知道,当别人无法给你所要的快乐和幸福时,你可以自己去创造和寻找。我懂得了珍惜自己、爱自己,我的生活也因此变得更快乐更幸福。

我认为人生时间有限,要把有限的时间用在自己最值得珍惜的事上,所以我现在从来不会因为那些无聊的事而烦心。我每天写作、咨询、讲课、做志愿者、开展各类免费讲座,帮助有需要的求助者。此外,每天还要抽出时间打球、唱歌。我需要一个健康的身体,需要一份对社会有意义和有价值的事业,需要实现自我价值。所以,我没有时间去应付那些无聊的人事关系。我把全部的精力都用在对自己和他人有意义的事上。

我爱他人,如孩子、父母、我的学生,甚至我帮助的求助者,我也爱自己，所以不管工作多忙碌，我也一定要抽出时间运动和唱歌，并保证足够的睡眠时间，因为这有利于我的身体健康。当然，我也很爱美，工作近 30 年后，每每看到自己不变的身材，我都非常激动，自己还是那么美，还有马甲线和腹肌，还是那么吸引人。正因为拥有这些爱，我收获了他人的认可、欣赏和爱护。所以，女人一定要学会爱自己，这样，你才有条件获得他人的爱！

4. 不要过度依靠男人

不要总是让男人陪伴你，你可以有自己的兴趣爱好、生活圈子。女人要学会享受孤独，偶尔一个人待着，做自己喜欢的事，也是非常开心的，而不是每天都需要男人陪伴。比如，我爱学习，爱写作，爱唱歌，爱运动，爱找一帮姐妹们一起去 K 歌。没有男人，我们一样可以活得很精彩！当然，我们也可以有自己的异性朋友，和他们喝茶、聊天或运动。即使结婚了，我们也需要独立照顾自己。我喜欢一个人静静地看喜欢的电视剧，读爱读的书，写愿意写的文字。即使退休后，我也会继续用我的专业知识去讲课和开展心理咨询，参加社会公益活动，帮助有需要的人群。

从经济学的角度来看，男女之间的不平等，来源于经济和社会贡献的差异，也就是人们常说的"经济基础决定上层建筑"。在封建经济时代，女性由于体力弱，确实在经济产出上落后于男性，但她们更多的贡献在家庭方面。在现代社会，随着知识经济和智慧经济的发展，互联网时代的来临，让智力的作用突显了出来，女性更容易发挥自己的优势，在经济产出上，女性和男性的差异在缩小。女性如果在经济上过于依赖男性，实际上是在加剧男女不平等。

我认为一个人依赖的东西越少，就越能享受个人自由。如有人依赖烟和酒，那么没有烟酒就不快乐。而你如果不喜欢抽烟喝酒，那么就少了对烟酒的依赖。所以，你依赖的东西越多，痛苦也就越多。

从心理学的角度来看，男女之间的不平等多是父权社会的思想禁锢所产生的，比如"男主外，女主内"等。除此之外，还有一些生理原因，女性多为被动者，而男性多为主动者，这也造成了男性的一些优势心理。但在女权主义者看来，这些东西都是文化建构出来的，是男性为了控制女性而制定的。过于依赖男性，在心理上会造成男性的疏远和厌恶，所以，女性越有独立生活的能力，越能更好地照顾自己。

一个家庭的和谐，需要两个人彼此理解和共同付出。现代社会，人们生活在忙碌和焦虑之中，需要的是彼此的爱护和关心。如果在这方面多加努力，婚姻幸福的概率就会大大增加。

再婚的人，通常都很现实，不会为了什么爱情，付出过多感情和金钱。婚姻关系中，爱得多的那个人常常更加容易受到伤害。因此，谁更加在乎对方，谁爱对方更多一点，也许付出的就会更多一些。

在家庭暴力关系中，那个占有欲强的人自以为占有对方就是爱，以爱的名义控制对方，甚至实施家暴。一些女性在单纯的年龄爱上了对方，所以会过度依赖对方，即使对方一身恶习或长期家暴，女性还是会默默承受，误以为这就是爱。其实，这只是一种依赖。你越依赖他，就越助长了他的不良习性，情况就会越糟糕。

离婚、再婚都不可怕，可怕的是不善于从中吸取经验和教训。对于再婚的人，请相信每一种经历都是一笔财富。我们需要看到每一种痛苦经历背后的积极意义，并用这种收获为自己创造幸福和快乐！如果你看到的只有痛苦和不幸，那么没有人可以帮到你。如果你看到其中的积极意义，并从中得到成长，那么所有的经历都将成为你的财富！你的人生也会因此与众不同。

第七章 走出自设的牢笼,迈进幸福和快乐的新天地

对于女性来说,不管是遭遇性暴力还是离婚,都要经过心理疗愈的过程。由于这种伤害严重而巨大,使得一些女性无法释怀,陷入不堪回首的往事中,在自设的牢笼里以泪洗面、自卑抑郁,严重的甚至因此而自杀。心理学认为,所有的疗愈都是自己做出的,如果自己不想改变,没有人可以帮助你。所以,你只有在精神上战胜自己,才能自我疗愈。

第一节 遭遇骚扰后的心理调适:做情绪的主人

一些女孩在遭遇性骚扰后,患上了"性骚扰恐惧症"。对于"性骚扰恐惧症"的治疗,虽然可以借助于心理分析或者服用小剂量抗焦虑药物等调节,但最根本、最有效、最没有副作用的方法,是主动求助心理咨询师或心理医生。在家人的帮助下,通过心理咨询进行自我心理调适。

"性骚扰恐惧症"不是一下子就达到某种程度的,开始的时候很微弱,但随着时间的延长,这种伤害会带给女孩刻骨铭心的伤痛,严重时还可能导致精神失常。

从心理学角度来看,进行心理调适和治疗的方法很多,有精神分析法、行为疗法、认知疗法、合理宣泄、自我反省等(见图7-1),必要时需要配合药物治疗等。不管用哪种方法,最根本的是帮助求助者找到深层次的原因,促进她们重新树立自尊和自信。

1. 精神分析

这种方法主要是引导求助者回忆自己的成长过程,特别是儿童时期有关性方面的经历,帮她们找出导致心理问题的根源,并帮她们解释和分析,辨析不同的看法和态度,从而让她们了解自己产生心理问题的原因。

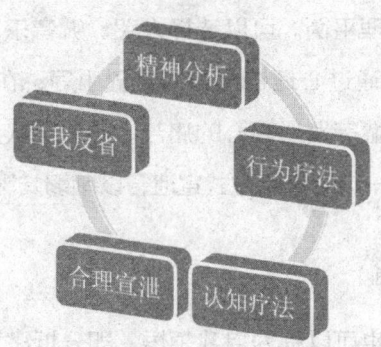

图 7-1　心理调适和治疗的方法

2. 行为疗法

心理咨询师、心理医生或心理治疗师与求助者建立咨访关系，给予求助者关心和支持，让她们以积极主动的态度面对现实。除此以外，还要与求助者一起讨论心理问题的特点和治疗的方法，即通过求助者行为的改变，促进他们心理和生理的改变。这是一种较好的辅助疗法，在各个阶段都可使用。

3. 认知疗法

这种疗法要求求助者回忆幼年经历，帮助她寻找引起心理问题的根源并进行分析解释，令其在自我行为认知上有一个正确见解，即改变求助者的不良认知，建立新的、正确的认知。

4. 合理宣泄

让求助者尽情倾诉郁积在心中的郁闷和矛盾，释放心中的不良情绪，达到心理平衡。可以选择大哭、听音乐、倾诉等，也可以在心理咨询室通过心理咨询师的言语引导，在安全的环境下，向宣泄人、宣泄墙等发泄内心的痛苦。心理学认为，任何不良的情绪都可以通过一定的宣泄方式宣泄，以削弱其影响。

5. 自我反省

自我反省，也可以称为自我领悟，即分析潜意识中的矛盾和冲突，领悟自身的心理问题与症结，消除致病因素，治愈心理疾病。心理学认为，无论多么不符合逻辑，甚至是荒诞可笑的行为，其背后都有原因。如果能明白背后潜在的驱动力是什么，就能更深入地认识和控制自己。所以，遭遇骚扰的女性要通过分析和领悟，正确认识自己。

性骚扰虽然对我们造成了一定的伤害，但如果学会改变不合理的认知，就可以将伤害降到最低。我们传统的教育和思想，过于强化女性的贞操和纯洁，导致女性在遭遇性骚扰后认为自己是个不贞洁的女性，将来无法拥有好的婚姻和爱人，周围不良的舆论压力，也会给女性造成二次伤害。如果能认识到这一点，相信自己只是个受害者，坚信自己是个纯洁的女人，家人不要因此歧视她们，也不要无限放大这种伤害，那么受害人就能从痛苦中解脱出来。

性骚扰本身不可怕，可怕的是受害人会将危害扩大，变得不再相信其他人，因为恐惧不敢和男性正常交流。恐惧感和耻辱感是很多受到性骚扰的女性首先要克服的。可以采取宣泄的方法，向信任和可靠的人倾诉，以降低其危害。

我们的传统文化过度宣传女性贞操观，这导致很多女性遭遇性骚扰或性侵害后不敢捍卫自己的权利，担心说出来会受到歧视或无法拥有好的婚姻。所以，她们以及她们的家庭选择沉默，不敢报警，甚至不向任何人倾诉。这样把秘密藏在心中，无人倾诉，会加剧心理问题的严重性。

女性要想心理减压，就要跟自己说一些励志或安慰的话，也可以用手机给自己发一些鼓励的话。如"我是一个好女人，我要好好爱自己！""我什么也没有失去，我是一个值得爱的女孩！"想一想你关心的人，例如亲人、孩子，看看他们的照片，也可以回忆鼓舞人心的歌曲、格言或诗歌。还可以尝试以下几种方法减压：

1. **直接反击法**

直接反击是应对性骚扰的最有效的方法。与其自己伤害自己，不如让那些伤害自己的人付出代价，让他们为自己的罪行埋单。实际上，敢于反击的人，本身就是勇敢的表现，这种人即使遭遇过性骚扰，心理上也不会有什么大问题。

有些性侵或骚扰女性的男人是胆小无能的人，因此只要你敢于指出他的恶行，他们往往不敢继续实施侵犯。当然，这样做的前提，是在确保自身安全的情况下进行。我们的原则是：生命第一。在生命受到威胁的情况下，钱财甚至身体都可以给对方，事后我们再积极寻求帮助。

2. 学着接纳自己

不管自己遇到什么事情，都要用积极的心态来看待。告诉自己，这是自己独一无二的经历。这种经历一定给予了自己特别的生命意义，促进了自身的成长，并让自己从中吸取教训，学会防备，不要为一些不必要的情绪烦恼不已。凡事要往积极的方面想，少往消极的方面想，换一个角度看问题，将坏事变成好事。

3. 交几个异性朋友

正常的异性交往对于一个人的成功是有很大帮助的。与其害怕男性，不如主动和男性交往，这样对个人的成长更加有利。任何时期包括青春期的人，都有对异性交往的需求。要相信多数男性是值得信任的，他们也会尊重女性。

4. 关爱并照顾好自己

温柔地对待自己，接纳自己，这是恢复健康的关键。对于遭遇性伤害的女性来说，要先照顾好自己的身体，合理作息，健康饮食，积极锻炼，将照顾好自己放在首要位置，不管是身体方面还是心理方面，请接纳自己。自己并没有因此变得不完美，而是变得更加成熟，阅历更加丰富。

5. 获得社会支持系统的帮助

社会支持系统是指和我们建立了可靠和信任关系的人，比如父母、亲人、老师、朋友。当性伤害发生后，第一时间和自己最信任的亲人诉说，寻求他们的帮助和支持。如果自己的亲人没有相应的保护意识，也可以寻求自己信任的老师或社会团体的帮助，如女童保护组织、妇女维权站、妇联等，通过他们寻求心理咨询师的帮助或法律援助。

在这里，我特别想说一点，如果在学校或朋友之间，有类似这样遭遇性骚扰的同伴，那么可以组成一个互助的团体。大家通过分享共同的经历，互相交流，积极应对，对自己也是一种帮助。

小丽遭遇性伤害后，很长时间自卑无助。咨询时她告诉我，遭遇性伤害后，她一直在寻求各种解脱的办法。后来，她在一本书上看到，女性遭遇性骚扰比例最高的国家，遭遇性骚扰的人数达到女性总人数的三分之一，她说看到这个数据自己释然了。原来，每三个女性中就有一个人遭遇过这样的痛苦，她并不是唯一一个有这样遭遇的人。此后，她不再纠结这段经历，而是把时间和精力用在对自己人生有意义的事情上。

总之，受到性骚扰的人，要学会驾驭并控制情绪，做自己情绪的主人。把曾经受到的伤害变成学习和生活的动力，用优秀和自信完善自我，让遭遇的挫折和不幸促进自己成长和成熟。遭遇性骚扰的女性，只是比其他女性多了一段不同的经历而已，所以不要把自己排除在正常人之外。

第二节　加强预防性侵害及受伤害后的心理治疗

关于性暴力的心理分析文章，散见于各种评论和分析，多是零散的，分析得不够深入，而且和受害人的心理疗愈还有一段距离。将各种性暴力方面的知识综合到一起，运用心理学的方法和工具，找到一条更加有效的疗愈之路，是我所期待的关于性暴力心理学的主要内容。

传统的性教育多停留在传授性知识的阶段，对如何预防性暴力以及遭遇性暴力后怎样进行自救和心理治疗等，还是非常欠缺的。对于遭遇性伤害的人来说，如何进行心理疗愈才是最重要，因此，性暴力心理学应该更加重视对被害人进行心理分析以及如何帮其走向心理康复之路。

《热线12》特别节目，2017"暖春行动·圆你一个梦想"——沙玛阿果的圆梦日记，介绍了"女童保护"公益项目的发起者孙雪梅和中央电视台《心理访谈》主持人沙玛阿果一起前往贵州省习水县，渴望推广"一校一讲师"，让性安全教育在全国铺开的圆梦故事。在节目中，他们感受到开展性教育的推广难度，渴望得到当地政府和教育局的支持，仅仅凭借志愿者的热情她们的梦想很难实现。

由于学校性教育地位比较尴尬，很多人将孩子的性教育寄希望于家长。2013年，《预防未成年人性侵犯家长手册》由广东编

印,同时女童保护组织也出版了针对学生和家长不同版本的性教育教材。这些书内容丰富,家长可以从中了解未成年人遭遇性侵犯的相关指引,例如如何预防未成年人遭遇性侵犯、未成年人遭遇性侵犯后的反应、防止未成年人遭遇性侵犯等。

实际上,就目前而言,家长的作用对子女是最重要的,不论是普通教育还是性暴力的教育,都是如此。如果家长忽视对子女的性教育,那么他们就只能靠自己。其实性教育只是孩子成长过程中生存教育的内容之一。

在动物世界里,几乎所有的雌性都会教给幼崽生存的各种技巧,而我们为了孩子的生存和发展最关注的常常只是孩子的学习。为什么不提前教给孩子性知识呢?那也是孩子生存技能知识之一。只有这样,才能更加有效地消除孩子成长过程中的不确定因素,避免给孩子带来不必要的伤害,提高孩子自我保护的能力,促进孩子身心健康成长。

中国计划生育协会针对10～24岁青少年的成长编著的《成长之道:青春健康人生技能培训指南》,其主要内容为迎接青春期、社会性别、人际交往、性行为与决定、预防意外怀孕、预防性传播疾病、预防艾滋病病毒感染、远离毒品、计划未来等,为青少年成长展开人生技能培训。

我希望未来能在有关部门的组织下,编写一本以性暴力研究为主的书籍,帮助那些遭遇性暴力的求助者找到心理疗愈的方法。同时,为那些致力于研究性暴力的人提供材料和方法,我认为应该关注以下几个方面的问题:

1. 性暴力的施因

既包括施暴者的个人因素，也包括被害人的个人因素，以及他们在互动过程中的心理互动。一些研究者提出，施暴者和被害人一般都具有某种特殊的性格、气质、生理素质、能力等，使其容易实施犯罪行为或受到侵害。

2. 性暴力的危害

人们往往忽视性暴力给受害者带来的长期伤害，错误地认为伤害是短时间的，是容易康复的。心理学家提出了"强奸创伤综合症"的概念，指出被害人在短时间内会有各种强烈的负面情绪反应，以后依然会表现出相同或类似的情绪反应。我接触的个案中，如果没有进行心理咨询或治疗，大多数受害者的伤害都无法自动消除，她们因此留下的心理阴影甚至终身都存在。

在这里，我也希望人们能关注对施暴者及其家庭造成的伤害。通常，我们因为愤怒，往往只看到强奸行为给受害者造成的伤害，却忽视了一旦施暴者被判刑，对施暴者也会产生重大影响。如有些施暴者是青少年，他们或许因为性教育的缺乏无法控制性冲动和性欲望，导致了强奸行为的发生。如果其性侵对象为14岁以下的幼女，判刑会更重。这将影响两个家庭的幸福，甚至对施暴者的学业、就业、结婚等都有致命打击。父母提前给青少年讲讲性侵害的危害，这对预防青少年性侵害事件的发生将有积极的意义。

我过去开展性教育，只给女学生讲如何预防性侵害，但现在，我也经常给男生讲课,介绍如果发生了性侵害行为,会对女性造成多大的伤害,也会对施暴者自身的家庭和未来造成多大的伤害。我认为这也是需要研究和关注的方向。

《今日说法》"2015年寒假特别策划:解读青春期系列报道——请判我死刑",一个叫郑东的单亲父亲,发现13岁的女儿小梅在网上交往了一个20多岁的小伙子后,他找到这个小伙子,让他远离自己的女儿。此后,小梅问男孩为什么不理他,小伙子告诉她是她的父亲不让他们交往,于是小梅离家出走,三天三夜没回家,父亲十分生气。

没过多久,小梅又一次和父亲吵架后,竟然一个星期没去上学,被老师从网吧找回来,她父亲被叫到学校。又有一次,小梅父亲提前做好了她最爱吃的饭菜等她回家吃晚饭,但一直等到10点多,小梅才回来。两人发生了激烈的争吵,小梅说她不想读书了。父亲一怒之下用家里的钢管衣叉拼命打她,最终导致小梅死亡。

小梅2岁时父母离异,她一直跟着父亲生活。女儿青春期不好管教,父亲郑东也曾让小梅随她的亲生母亲一起生活,但她们两人在一起也是经常吵架。小梅的母亲也无法管教她,最后还是让她回到父亲那里。

郑东认为,女孩失去了贞洁就无法找到好男人,也无法拥有好的生活。因此,他担心13岁的女儿和那个20岁的男孩交往,如果发生性关系会害了两个孩子。郑东不知如何管教孩子,最终亲手将女儿打死。他向法官请求判他死刑。一审判决，郑东被判无期徒刑。

---

3. 心理治疗方法

关于什么样的心理学工具和方法可以帮助受害人更好地治疗强奸带来的心理创伤，以目前的实际情况来看，各种理论和工具都存在不足之处。因此，需要更深入地了解受害者被伤害后负面情感出现的原因，以及适宜的心理治疗方法，以帮助这些受害者尽快走出阴霾，开始新的生活。

4. 心理疗愈过程

关注和研究什么样的心理治疗过程，可以起到更加明显的治疗作用，受到的治疗阻力最小。这关注的是心理和情感的内容，什么阶段会出现什么反应，然后采取一定的措施，将不利于治疗的因素加以排除或者予以规避。

5. 性暴力防范教育

这里的性暴力防范，我认为不仅要针对受害者，也应该加强对施暴者的教育。很多时候在报道性暴力案件时，仅仅强调受害者受到的伤害，却忽视了对施暴者而言，被判刑也毁了他们自己和家庭。从另一个角度来看，他们也是强奸案的受害者。如有些青春期的男孩强奸未满14岁的幼女，是因为看了黄色录像、视频后无法控制自己的性欲，临时起意性侵他人。这些男孩有的原本也是学业优秀的大学生、高中生。所以，让施暴者受到教育，学会管理和处理自己性的欲望，培养他们的自制力，让他们掌握转化性能量的方法和技巧，成为一个守法的公民，不做性侵害他人的事，也是对施暴者的一种保护。

总之，要找到更加科学的防范性暴力的教育方法，传授防范性暴力的相关知识，建立个体和群体性暴力的心理危机干预与应激帮助的机制，让科学的性教育帮助人们远离性暴力的伤害。

在心理咨询的过程中，我发现很多女性感觉很痛苦，其实她们不是无法彻底治愈，而是缺乏有效的治愈方法。她们中的有些人有着较强的自我疗愈能力，能很快找到新的异性朋友，并开始新的恋情和生活。即便那些自我疗愈能力不强的人，经过一段时间的治疗，也能较好的康复。我告诉她们，只要她们愿意主动寻求改变，就能创造奇迹，最终治愈自己的心理疾病。

性暴力的种类包括儿童性暴力、家庭性暴力、战争性暴力等等，每年被性暴力伤害的女性非常多。据一份资料统计，美国每年有多达 130 万的女性遭到强奸，中国的统计数据不完善。这么多被性暴力伤害的人群，却得不到应有的治疗，是非常遗憾和可惜的。

治愈性暴力的伤害并不是那么困难。很多时候，只要将对方心理疾病的原因找出来，结合一定的治疗方法，纠正她们的错误观念，引导正确的认知，她们就可以得到康复。但一些女性背着沉重的心理负担,不敢求助,不知如何求助,因此独自承受痛苦,有的甚至孤独地生活了几十年,其受到的心理伤害之深可想而知。

性暴力对女性造成最严重的伤害是心理上的伤害,女性朋友们更需要的是心理疗愈,可是现在的困难是太多的女性朋友们由于自身和其他的一些社会顾虑,认为这是不光彩的事,害怕曝光遭遇强奸的事会受到更大的伤害,因此不敢谈遭遇强奸的经历,也就无法得到及时、有效的心理治疗。

很多时候,她们都是独自将伤害藏在心底,默默承受着痛苦。特别是那些遭遇亲人强奸的女性,为了家庭整体的利益,不愿意告诉他人自己受到的伤害。这种无法或不敢向外人诉说的隐私,常常让她们痛苦不堪。特别是那些对婚姻非常重视的女性,当遭遇性暴力后,对她们婚姻生活的影响更大。深受传统思想影响的女性,在遭遇性侵害后自觉低人一等,更不会主动说出自己被强奸的事实,也就无法治愈她们的心理创伤。

性暴力的心理学,重在研究和应用心理学的工具,找到治疗遭遇性暴力受害者的心理问题,帮助他们解决痛苦。与传统的心理分析不同,它是系统的、向后的,更关注受害者以及其后期生活的积极健康的心理疗愈。这样的心理学才是受害者最需要的,也是最为科学的。除了可以对女性起到直接的治疗作用之外,性暴力心理学还应有以下积极作用(见图7-2)。

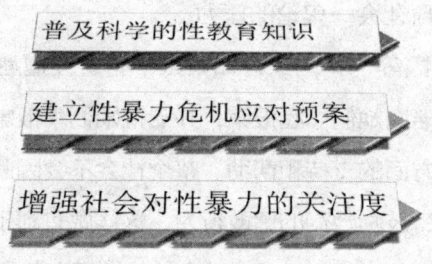

图 7-2 性暴力心理学可以起到的积极作用

1. 普及科学的性教育知识

一些性暴力是因为性教育的缺乏、滞后和不科学引起的。在一个人成长的关键时期，向他传授科学和健康的性知识，他才能学会管理自己的性能量、规范自己的行为、培养自制力、增强性能量转化的能力，从而减少性暴力的发生。男性接受性教育，能防止他们做出性侵女性的犯罪行为。

2. 建立性暴力危机应对预案

个体和群体的性暴力事件发生之后，仅仅有媒体的报道是不够的，更应该有社会援助体系帮助受害者远离性暴力的伤害，杜绝任何心理问题和疾病的产生。为什么有时那么多人反而会谴责受害者？这是因为社会关于性暴力的援助不到位。社会支持系统、社会求助系统、社会正确的舆论导向等等，均会对遭遇性暴力的受害者产生影响。如果整个社会对遭遇性暴力的受害者是支持、鼓励，勇敢站出来指出施暴者，那么她们就不会遭遇歧视、偏见，也不用承受来自社会、舆论的压力。

比如在美国等一些国家,如果家中有女性遭遇性侵,他们的丈夫和家人会陪同她们一起报案,并支持她们举报嫌疑人,对她们给予精神等各方面的支持和帮助。整个社会不会因此歧视她们,而是欣赏、赞美、鼓励她们的勇敢行为,这样做有利于受害者主动报案,揭露施暴者的罪行,形成一种良性的性暴力危机应对机制。

3. 增强社会对性暴力的关注度

社会对于性暴力的关注,往往是从负面切入的,看似在谴责施暴者,实际上是在伤害受害者,类似泛娱乐化时代的噱头。通过性暴力心理学,让人们看到性暴力心理和伤害的发生机制,以及治疗的方法和过程,可以增强社会对性暴力的正面认识和关注度,同时可以纠正人们的不健康心态。

随着性暴力研究的深入,它也理应走向显学(是指在社会上处于热点的、显赫一时的学科、学说、学派),让更多的人因为它而得到实际的利益和改变,这无疑是性暴力受害者的福音。

第三节 及时进行心理危机干预

这里的心理危机干预,是指针对性心理处于危机状态的人给予适当的心理援助,使之尽快摆脱不适和困难。心理危机本意是指由于突然遭受严重灾难、重大生活事件或精神压力,使生活状况发生明显的变化,尤其是出现了用现有的生活条件和经验难以克服的困难。

当事人一般会陷于痛苦、不安的状态,常伴有绝望、麻木不仁、焦虑,以及植物神经紊乱和行为障碍。心理危机干预,就是要消除当事人的这些不良情绪,让他们回到正常的生活轨道。如果女性受到了性暴力,出现了心理问题,就是创伤后的应激障碍。

人的一生,会遇到不同的心理危机。对于遭遇性侵的人而言,未成年人会遇到自我认知的危机,青年人会遇到恋爱和学业等方面的危机,中年人会遇到家庭和社会关系等方面的危机。根据应用危机理论,可以将心理危机划分为三种类型:

1. **发展性危机**

发展性危机是指在正常成长和发展过程中,急剧的变化或转变所导致的异常反应。例如,进入青春期后对性的不良认识就可能导致发展性危机。这种危机是正常的,但每个人所面临的具体情况是独特的,因此必须以独特的方式进行评价和处理。

2. **境遇性危机**

境遇性危机是指当出现罕见或超常事件,且个人无法预测和控制当时出现的危机。交通意外、被绑架、被强奸、突然失业等都可以导致境遇性危机,它具有随机性、突然性、震撼性和灾难性等特点。被强奸后,当事人很快出现心理问题,就属于这一种类型。

3. 存在性危机

存在性危机是指伴随着重要的人生问题,如关于人生目标、责任、独立性、自由和承诺等出现的内心冲突和焦虑。这种危机可能是基于现实,也可能是基于后悔,还可能是基于一种压倒性的、持续的感觉。被强奸之后,心理阴影持续很长时间,就属于这一类型。

心理危机产生的原因从整体上来说有生理因素和社会因素两种。生理因素引起的危机是指人在生长发育中不可避免的危机,如青春期发育的生长危机,妊娠、分娩期造成的生理功能紊乱等。对于强奸的施暴者和受害者而言,都存在一定的生理因素。

社会因素引起的危机是指人在社会关系活动中不可避免的危机,包括恋爱关系的突然破裂、重要考试的失败、失学、失业、晋升失败、遭遇急性严重疾病、受伤及其他意外事故等。被强奸所带来的伤害与社会有很大关系。

个体危机反应的严重程度并不一定与事件的强度成正比,也就是说对危机的反应有很大的个体差异,相同的刺激引起的反应是不同的。那么危机反应程度到底受哪些因素影响呢?

一般来说,个体的个性特点、对事件的认知和解释、社会支持状况、以前的危机经历、个人的健康状况、干预危机的信息获得渠道和可信程度、危机的可预期性和可控制性、个人适应能力、所处环境等都会影响危机反应，减弱或者增强事件本身的影响。

事件发生越突然、持续时间越长，对心理的损害就越严重。当事人对事件的危害性与严重性的评估越严重，越容易产生危机。一般规律下，人格健全、心理素质好、应付技巧高，方法适当，社会、家庭、亲友能及时给予受害人帮助与支持，这种情况下的受害人不易发生心理危机。

心理危机的心理反应类型，分为急性疾病时的心理反应和慢性疾病时的心理反应（见图 7-3）。

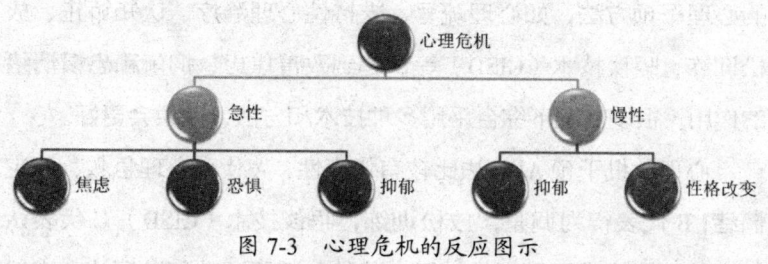

图 7-3　心理危机的反应图示

1. 急性疾病时的心理反应

一是焦虑，当事人感到紧张、忧虑、不安，严重者感到大祸临头，伴发植物神经紊乱症状，如眩晕、心悸、多汗、震颤、恶心和大小便频繁等。二是恐惧，当事人轻者感到担心和疑虑，重者惊恐不安。三是抑郁，当事人因心理压力导致情绪低落、悲观绝望，对外界事物不感兴趣，言语减少，不愿与人交往，严重者出现自杀观念或行为。

2. 慢性疾病时的心理反应

一是抑郁，多数人心情抑郁沮丧，产生悲观厌世的想法，甚至出现自杀观念或行为，尤其是性格内向的当事人更容易产生这类心理反应。二是性格改变，总是责怪别人，如责怪医生未精心治疗，埋怨家庭未尽心照料等，故意挑剔，常因小事勃然大怒等。这种慢性的心理反应，对于当事人的伤害更大。

心理危机干预技术是根据不同个体对事件的反应，采取不同的心理干预方法，如心理疏导、支持性心理治疗、认知矫正、放松训练、晤谈技术（CISD）等，起到改善焦虑、抑郁和恐惧情绪的作用。很多情况下综合采用多种技术和方法，效果会更好。

心理危机干预 ABC 法比较有代表性，A 代表心理急救，稳定情绪；B 代表行为调整，放松训练，晤谈技术（CISD）；C 代表认知调整，情绪减压和哀伤辅导。此外，还要调动和发挥社会支持系统的作用，鼓励求助者多与家人、亲友、同事接触和联系，减少孤独和隔离。

一般的干预过程是：首先取得受害人的信任，建立良好的沟通关系；其次是提供疏泄机会，鼓励求助者把自己的内心情感表达出来；第三是对求助者提供心理危机及危机干预知识的宣教，解释心理危机的发展过程，帮其建立自信，提高对生理和心理应激的应付能力。

总体的干预原则是积极的支持性心理治疗结合药物治疗，以最大程度减轻其痛苦，选用药物时应考虑疾病的性质、所引起的问题以及求助者的抑郁、焦虑症状。对受害人而言，如果没有典型的身体问题，精神状态也还可以，可以不考虑服用药物。如果牵涉到用药问题，心理咨询师没有处方权，不能给求助者用药，需要到医院由心理医生或心理治疗师给予药物治疗。

心理危机干预需要注意以下四点：

第一是心理危机干预是针对处于心理危机状态的个人给予的一种心理援助，它不是程序化的心理治疗过程，而是一种心理服务，以起到实质性的效果为目的。

第二是干预实施的最佳时间是遇创伤性事件后的24小时到72小时，24小时内一般不进行干预。若在72小时后才进行干预和治疗，效果会打折。若在4周后才进行，作用明显降低。

第三是采用的很多方法是最简易和最有效果的，比如倾诉、危机处理（心理支持）、松弛训练、心理教育、严重事件集体减压等。

第四是往往需要和家庭、社会支持系统结合起来，尤其是遭遇重大伤害的时候，心理危机干预、自我疗愈都是和家庭社会支持系统紧密结合在一起的，这样才能发挥最好的效果。

强奸造成的危机事件包括：

1. 性生活障碍

强奸可能造成性心理障碍，从而引起性功能失常。一些被强暴或被性虐待过的妇女，会有性功能失常的情形发生。比如阴道痉挛的现象，一旦与男友进行性行为，会产生激烈的对抗。因无法与心爱的男友完成性爱，自己也会非常痛苦。

2. 学业障碍

性压抑和性暴力，都会造成一个人的注意力不专注，记忆力分散，学习成绩下降等问题，如果这种障碍长时间不能得到解决，就会成为升学障碍，当事人会极为担忧，严重者甚至要因此而辍学。

3. 恋爱障碍

强奸造成的心理阴影，一是会使当事人长时间不敢恋爱，即便年龄增长，也无法改变；二是在恋爱中容易出现紧张、敏感、忧虑等各种复杂的情感，造成不能和对方进行正常的情感交流，常常因为不必要的事情吵架，从而导致分手。

4. 婚姻障碍

婚姻障碍分为婚外强奸和婚内强奸，两种都可能造成婚姻的破裂。丈夫在得知妻子有被强奸的经历后，一般对妻子的感情会有所改变，而妻子不能接受，从而产生各种摩擦和问题。婚内强奸产生的问题是丈夫可能会对妻子进行性暴力，从而使两人感情变得冷淡。

5. 人际障碍

总是担心别人另有图谋，不敢敞开心扉和人交流，也没有几个要好的朋友。人际交往的障碍可能使得受害人孤立无援，所以父母的帮助是最为重要和及时的。如果长时间无法解决，其在人格、性格等方面，都会有一些改变。

6. 性格障碍

本来活泼好动的女孩，在被强奸后可能变得抑郁、沉闷、不愿与人交往，活泼开朗的性格也会变的郁郁寡欢、嫉妒、时时提防别人。性格的改变是对当事人最大的伤害，如果得不到纠正，会引起很多其他问题。

一般而言，通过一定的心理危机干预，多数受害人可得到较好的心理治疗，康复的也比较理想。女性在强奸发生之后，不要自己一个人承担伤害的后果，社会上关心你们的人大有人在，只要你们愿意改变，不但不会受到歧视，还会得到尊重和理解。

强奸事件发生后，一些女性或家长不知如何求助，在这里告诉各位，可以通过本地妇联、妇女维权站、"女童保护"、社区社工等组织寻求专业的心理咨询或法律援助。也可以上网查找相关组织的电话和地址，年幼的女童由家长陪同，年长的女性可以自己独自前往寻求帮助。一般在这样的组织机构中，都有专业的律师、心理咨询师、家庭教育专家队伍。他们在这方面有着丰富的经验和专业知识，可以用专业、系统的知识帮助受害者。而且现在这些队伍也越来越规范，各地都有比较健全的组织机构，所以可以通过网站查询，找到相应的组织机构，他们会提供免费的专业帮助。通常，在遭遇性伤害后，仅仅依靠自我的心理调适，效果不太理想。在专业人员的帮助下，可以较快地进行疗愈，而且效果也比较好。

对于受伤害的女性来说，在家长或自己主动寻求帮助的情况下，可以将对未来生活的影响降到最低。所以，希望这些女性主动求助，而专业的心理咨询师有保密原则，不会对你们的伤害产生影响。

第四节　自我疗愈，让精神境界升华

对于心理咨询师而言，心理疗愈大致遵循类似的阶段，但对于具体的个体而言，心理疗愈是有很大不同的。有的人，经过几次心理疗愈咨询，就恢复得很好；而有的人，即便经过了很长时间的治疗，心理的创伤还是难以平复。让心理疗愈的过程更加符合个体的特点与心路历程，对于康复是有帮助的。

在没有进行心理咨询之前，因为幼年遭遇哥哥强奸形成的心理症结，可欣长时间感到痛苦不堪。每每想起此事，她总是无法

控制泪水。为了治愈自己,她参加了中国国际萨提亚学院两年萨提亚模式心理咨询师的培训。在课间休息时间,她去找了授课的美国老师求助。

老师听了她的简单介绍后对她说:"过去你一个人承受这痛苦,你是孤单的,你是无助的。但现在,你不孤单,因为有我们陪伴和支持你。你是如此的特别,你不该遭受这样的痛苦。"

因为很快上课时间就到了,老师无法为她做进一步的治疗。只有那么简单的几句话,让可欣有点儿失落,但老师精力有限没时间也没有责任处理个案。

心结还在,无法释怀的过去让她倍感纠结。她想知道为什么会发生这一切?为什么她至今无法放下?她一直觉得,没人能真正帮到她,也没人能解决她的问题,更没人真的理解她受到的伤害和痛苦。她想,也许只能靠自己来治愈自己。

第二天是一节冥想课。老师说:"想象你手上拿了一把金钥匙,打开一扇门,看到一个书橱,拿出一本书。那是一本关于你自己的书,你在书上写下,你是独一无二的,你是无人取代的,你的经历是如此的不同和特别,你是善良的,你是智慧的,你是优秀的,你是如此与众不同……"

在以往的课程中,每次老师引导冥想的时候,可欣的思绪都走得很远,无法跟随老师的冥想步伐。但那节冥想课,带给她很大的触动。冥想进行到最后的时候,她开始流泪,一行又一行,最后泪流满面。

冥想中,她想到了自己。她为别人付出了太多太多,她一直讨好别人，讨好父母、丈夫、孩子，一直在付出和燃烧。她的感悟越来越多，她认为这是老师对她进行的一个疗愈。最终她得出结论，以后一定要对自己好一点，多关爱自己一点……

这个时候，她突然觉得虽然曾经的经历还存在，那份伤和痛也还在，但已没那么重要了。未来的日子，她知道该如何对待自己，如何改变自己。那一刻，她相信，没有任何咨询师或治疗师比她更懂得关爱自己，更知道自己需要什么，要改变什么！

这时她明白了，她的心理创伤得到了治疗，而这个帮她治愈伤痛的人不是别人，正是她自己。

第三天是角色扮演课。老师让可欣挑选父亲、母亲、大哥、三哥的扮演角色。然后，老师让她走向"三哥"时。她不能也不愿意走向他，本能地往后退。恐惧、害怕让她泣不成声。当可欣讲到那只跳到床上的宠物狗，而她误以为那是三哥的头发，以为三哥要再次强奸自己时，更是撕心裂肺地哭喊起来。

这时，老师让她仰面躺在铺着床单的地上，用双脚愤怒地蹬向竖起的席梦思，用力喊出她的伤心和愤怒。也许从没这样发泄过自己的情绪，她不停声嘶力竭地喊着，"你们走开，滚开！""为什么？为什么要这样对待我？"直到全身抽搐。

老师让可欣走向她同父异母的"大哥"时，她说："你为了报复我母亲才这样对我，我是无辜的呀！你为什么那么蠢，要这样对待我。你知道这件事对我伤害是多么大吗！记得我读大学时，你送我去乘船，一路提醒我路上注意安全，不要上当受骗，不要喝陌生人的饮料……大哥，我已经原谅了你。我希望你也放下这件事,以后好好过日子,我希望你过得开心快乐!"然后,音乐响起,她过去拥抱了"大哥",声泪俱下。

接着,老师让她走向"母亲",拥抱"母亲",音乐响起。可欣说:"妈妈,对不起。我过去一直因为幼年受到的伤害,对你充满了仇恨。我认为这一切都是你造成的,因为你对大哥不好,所以他想报复我。但现在,我不这样想了。你20岁就做大哥、二哥的继母,是多么的不容易,而且你非常爱我们。我希望你开心快乐,你也不要再为我们操心了,我们会安排好自己的生活。"

老师带着她和"母亲"走向"大哥"。老师让可欣跟着说:"妈妈,这是我们两个人共同的功课,需要我们一起完成。现在我们已经完成了这个功课,以后会好好过日子。"然后音乐响起,可欣过去拥抱"母亲",他们哭成了一团。

然后,老师问可欣,这样可以结束了吗?但她说,还想对"三哥"说话,可欣说:"三哥,我一直很爱你。可那件事发生后,我是那么害怕你。虽然知道你也很爱我,但我不愿意和你亲近。你其实很善良,记得小时候一个冬天,你为了砍柴从树上摔下来,摔断了手,那么冷的天,你晚上跑到门外去哭,怕在家里哭吵醒我们。你一直和母亲生活在一起,是子女中最孝顺的,替我们照顾母亲,从不惹她生气。你那样善良,脾气也很好。"然后,音乐响起,可欣过去拥抱"三哥",扮演三哥的男人也哭得很厉害。

老师问可欣,这样可以结束吗?可欣还要和"父亲"说话。父亲早已过世,她跪在"父亲"面前,泣不成声:"爸爸,对不起。小时候,您从来没有抱过我们。我一直很羡慕其他女同学,可以在爸爸腿上玩滑滑梯。您总出差,回来我们都很怕您。晚年,您为了弥补我们,总尽量为我们做事。爸爸,我一直没有机会告诉您,我爱您。如果有来世,我一定还做您的女儿。"音乐响起,老师让其他学员将她抱到"父亲"的腿上,大家紧紧地拥抱着他们,簇成一团。

角色扮演的咨询持续了一个多小时。因为哭喊得太累了,休息时可欣几乎不想讲话,老师也叫其他学员不要打扰她。此后,老师让所有愿意支持她的学员和她拥抱。结束后,老师建议她通过某种方式,和两个哥哥做一个现实的沟通,告诉他们自己已经原谅他们了,可欣也答应了。

可欣感觉自己彻底疗愈了,从此不再纠结这件事。她想起一句话:"让别人做你痛苦的见证人是很有价值的。许多人发现,最令人痛苦的不仅仅是儿时苦难的历程本身,还因为没有人可以倾诉、理解和见证他们的痛苦。"

可欣过去一直没有勇气做心理咨询,不敢向别人倾诉自己幼年遭遇两个哥哥强奸的经历。但在她60岁那年,检查出患有乳腺癌,想着也许生命剩下的日子不多了,所以下决心要面对自己的问题。因为幼年的痛苦经历,她在近40年的时间里,没有回过娘家过年。如今父亲已经离世,但母亲和大哥、三哥还健在。她想回家过年,所以鼓足勇气,在心理工作坊中做个案。可欣的三个女儿已经结婚生子,她们也知道母亲幼年的遭遇。当她决定这样做时,征求了三个女儿的意见。她们都鼓励和支持她,因为她们知道母亲因为这件事太痛苦了,也知道母亲婚前主动告诉了父亲她幼年遭遇强奸的事,婚后父亲经常对母亲实施家暴并有外遇,最终离婚。

如今,可欣勇敢地迈出了一步,来真正面对自己的问题。她相信,当更多的人知道了她的故事时,她就不在乎什么隐私或秘密了。所以,她主动争取做心理咨询的个案,在所有学员的面前呈现她的经历。她希望今后自己能开心地生活,而不是把伤痛一直放在心里。她也想回家过年,看看母亲和亲人。

在上述案例中,求助者可欣刚开始向美国老师咨询时,还是认为没有人可以帮助自己,只有自己能疗愈自己。虽然只是尝试咨询,却是非常关键的,这表示可欣渴望被疗愈,渴望得到其他人的帮助。在冥想课上,可欣的精神境界开始升华,开始变得平静,不再纠结过去的痛苦,这是初步得到治疗的表征。在角色扮演的课堂上,可欣尽情地宣泄自己的情绪,尽情地流泪和哭喊。当对着两个曾经伤害过她的哥哥、对着父母说出内心的想法时,她把压抑多年的烦恼、痛苦、委屈都表达了出来,也把对他们的谅解和爱表达了出来。通过这样的一种仪式,她既把过去压抑的情绪进行了释放,又和往事做了一个告别,因而得到了彻底的康复。

根据当事人的康复情况,心理疗愈一般可以分为三个阶段(见图7-4)。

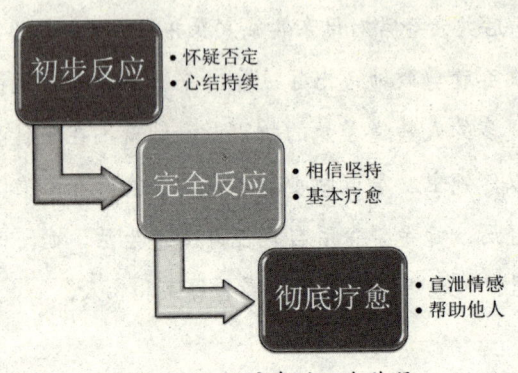

图 7-4　心理疗愈的三个阶段

1. 初步反应

求助者表现出一定程度的麻木、否认或者不相信，依然会维持之前的受伤状态，但是已经开始尝试去寻求帮助，寻找疗愈自己的途径。比如上面例子中，可欣主动找美国老师咨询，虽然仅仅得到了几分钟的咨询时间，虽然心结还在，但是已经感觉到了疗愈的希望。

2. 完全反应

求助者开始进入咨询状态，感到激动或者平静，不再纠结过去的痛苦和伤害，可以说，已经得到基本的疗愈。比如在冥想的过程中，可欣的思想得到了升华，开始关注本身的情感和状态，这时她已经得到疗愈了。

3. 彻底疗愈

求助者完全放弃之前的观念，不再有痛苦和伤心的感觉，可以向其他人诉说自己的遭遇，甚至用自己的经历去帮助和开导他人。比如可欣经过角色扮演之后，尽情地哭泣和喊叫，把多年郁结的情感都宣泄了出来，得到了彻底的治疗和康复，并原谅了两个哥哥和母亲。之后她决定把自己当成一个案例，用自己的经历帮助他人疗愈。

心理疗愈并没有固定的阶段和过程，一切对求助者有帮助和对症的措施，都可能起到非常大的作用。有这样一个案例：

一个学员追着约翰·贝曼老师给他做萨提亚模式的心理咨询，但老师不给他做。

就这样，他追了老师整整5天，无论怎么哀求，老师都不理他，也不给他做咨询。奇怪的是，课程结束后，他竟然自己疗愈了。

咨询师有时并不需要立即满足求助者的愿望，不用一切以求助者为中心。适度的冷落或不理会也许会让求助者明白，他的问题必须靠自己解决。这也许就是一种治疗方法，即无为而治，助人最终是自助！

心理晤谈是通过系统的交谈来减轻求助者压力的咨询方式。

晤谈的目标，是公开讨论内心感受，支持和安慰求助者，帮助求助者在心理上消化创伤体验。心理晤谈的过程一般可以分为四个阶段。

1. 介绍期

彼此进行自我介绍，心理咨询师介绍晤谈的一些规则，解释保密等问题。求助者介绍自己的情况，求助的原因，期待咨询的目标等，都要尽量清楚。

2. 症状期

求助者描述自己的应激反应症状，如失眠、食欲不振、注意力不集中、记忆力下降、决策和解决问题的能力减退、易发脾气、易受惊吓等。咨询师可向求助者询问有何不寻常体验，讨论事件发生后，对家庭、工作和生活造成什么影响和改变。

3. 辅导期

讲解事件的应激反应模式，强调适应能力，讨论积极的适应与应付方式，提供进一步服务的信息，提醒可能出现的并存问题，给出减轻应激的策略等。

4. 恢复期

总结晤谈过程，回答问题，讨论未来的行动计划。如果是小组个人成长的工作坊，则需要强调小组成员的相互支持，可利用的资源等。

整个过程需要 2 个小时左右。除了那些分离（转换）性障碍的人，可以教给所有被干预者一种放松技巧：呼吸放松、肌肉放松、想象放松。

具体到个体的心理疗愈，有的人情况比较简单，通过几次心理晤谈也许就可以解决问题；但有一些人情况比较复杂，这就需要像上面的案例一样，通过系统的心理疗愈课程，让求助者在思想和精神上面，都得到一定程度的提高。

但无论是采取怎样的咨询方法和技巧，最重要的还是求助者本人要有强烈的求治和改变的愿望，这样的咨询和晤谈效果才会更好。

第五节　心理治疗越早，受到的伤害就越小

现在，很多被伤害的女性不但不去报案，也不进行任何的心理咨询，只是自己默默地承受一切。一个女孩被强奸后，所在的学校和教育部门以及家庭、社会等都应该立即行动起来，而不应该让孩子独自承担一切。

强奸所带来的伤害，只要处理得当，能将其危害降到最小。但问题往往出在后面的处理和应对上面，社会的责备、同学的歧视、家长的沉默等等，都给女孩造成了很大的心理压力。这种压力如果长时间得不到排解，就会演变成严重的心理问题，因此需

要及早对她们进行心理治疗。但为什么很多女孩都不愿意治疗呢？主要有以下几个原因（见图 7-5）。

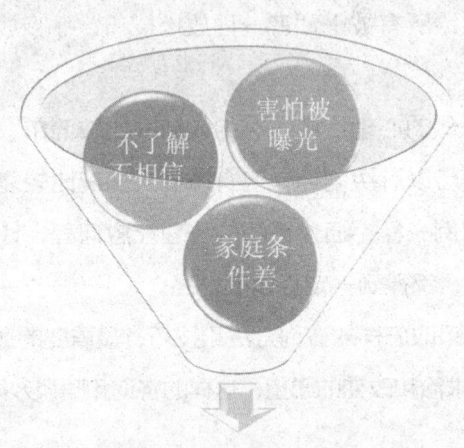

图 7-5　女性受伤害后不进行治疗的几个原因

1. 不相信他人

受害人认为，只有自己才能帮助自己，对他人都有防备心理。同时，她们对心理咨询缺乏了解，担心自己的隐私曝光后无法被保密，担心心理咨询师不能妥善处理。她们更害怕处理不好，遭遇社会或其他人的歧视。

当然，受伤害的女性也需要先了解一下心理咨询师。心理咨询师的咨询水平个体差异比较大，最好找在这方面比较有经验的心理咨询师。在妇联或社区打听一下，就知道哪个咨询师比较擅长做这类性侵案例的咨询。

2. 害怕被曝光

害怕面临社会压力，害怕被人轻视，害怕影响家庭的声誉，所以选择躲避和沉默。即便想接受别人的帮助，想去咨询，也因为这个原因，最后不了了之。应该说，多数女性都害怕面临被曝光后的社会压力才选择沉默的。

3. 家庭条件差

有时家长不好意思和孩子谈性，但在心理咨询师面前，孩子会轻松地谈论性的困惑。不过由于贫穷等原因，一些孩子害怕给家里造成新的负担。我国心理咨询师一般以小时计费，收费有很大差异，通常在 200～1000 元不等，也有个别高达 2000 元的，但多数每小时为 200～800 元。有些人对心理咨询的收费标准不太能接受，总认为收费太高了，其实，一个水平较高的心理咨询师不仅需要接受正规大学或研究生的学习，还需要参加各类心理工作坊的培训和学习，这类培训费很高。要成为一个经验丰富的心理咨询师，他们自身花费在教育上的费用也非常昂贵，这也是造成心理咨询收费较高的原因之一。

在我国，有一些社会组织会根据求助者的不同情况，提供免费的心理援助。如妇联里的心理咨询、妇女维权站、"女童保护"、社区社工等，会提供免费的心理咨询和法律援助服务。但相对来说，付费的心理咨询效果会更好。因此，如果有条件，尽量进行付费的心理咨询。

一般来说,在出现心理问题的初期进行治疗效果往往较好,花费也不多。有些家长认为自己的孩子没什么问题,或者问题不严重,一直拖着不进行心理咨询,直到问题非常严重了,才进行心理治疗。可是,这时候不仅治疗所需要的时间长,所需要的费用也会较高,对孩子的伤害也最大,有些甚至无法治愈。

我接触了很多患有精神分裂症的孩子,如果早期对他们进行治疗,可以很容易治愈。但有些孩子拖延的时间太长,几年之后已经成为严重的精神分裂症患者,才到医院求治,治愈的希望往往很小。所以,希望家长在孩子刚出现心理问题时,及时进行治疗,以免耽误孩子的康复。

不可否认的是,如果家长有能力,可以自己进行相关的辅导更好。如果家长和孩子的关系融洽,对性方面的知识掌握也很好,家长才是孩子真正的心理咨询师!在我国,虽然性教育已经逐渐引起人们的重视,但并不是像国外一样,学校是性教育的主要场所,甚至将性教育纳入到学校的课程体系和教学计划。所以,在我国,家庭性教育依然起着重要的作用。我希望更多的家长能与时俱进,学习有关性教育的知识和方法,促进孩子身心健康成长。

心理咨询是指运用心理学的方法,对心理适应等方面出现问题并祈求解决问题的求助者提供心理援助的过程。需要解决问题并前来寻求帮助的人称为求助者,提供帮助的人为心理咨询师、心理治疗师或心理医生。其中心理医生和心理治疗师有处方权,即可以开药，而心理咨询师则没有处方权。

心理危机干预是指针对处于心理危机状态的个人及时给予适当的心理援助，使之尽快摆脱困难。也就是说，当事人或者求助者存在一定的心理问题，在这种心理还没有给自己和他人造成严重影响的时候，采取的一些缓解和治疗的措施。如女性遭遇强奸这一灾难性的事件就会陷入心理危机，如果受害者无法克服这一困难，已经出现心理问题，就需要对其进行心理危机干预。

心理治疗是心理治疗师对求助者的心理与行为问题进行矫治的过程，是用心理学理论和方法对人格障碍、心理疾患的治疗。2013年5月1日正式实施的《中华人民共和国精神卫生法》中指出："心理咨询人员不得从事心理治疗或者精神疾病的诊断和治疗。心理治疗师应当按照心理治疗操作技术规范从事心理治疗，心理治疗操作技术规范由国务院卫生行政部门制定。"根据这个规定，心理治疗是由心理治疗师或心理医生进行的。

现在我们需要打破只有有了心理问题，才需要进行心理咨询的思想。其实，心理咨询多数情况下针对的是正常人。因为人在一生中，总会遇到一些自己无法解脱的心结或烦恼，毕竟每个人的经历和受教育程度不同。一些常人觉得难以处理的问题，或无法越过的坎坷，如果寻求专业心理咨询师的帮助，或许很快就会解决。

有些人，在发生特殊事件后，产生了一定的精神疾病；有些人存在人格障碍，但是他们不知道也不承认，更不会主动进行心理咨询或治疗。所以在以后的生活中，这些人会因此出现更多的烦恼和痛苦。如果不及时进行心理咨询或心理治疗，他们可能会出现更加严重的心理疾病。通常，以下几个群体需要进行心理咨询。

1. 有性暴力倾向的男性

主要针对男性，由于性压抑得不到满足，或由于自身的性格原因，他们总渴望通过性暴力的方式，满足自己性的好奇和需要。其中一些人可以通过心理咨询获得改变和矫正，尤其是未成年人。通过心理咨询或心理治疗，能缓解他们的性压力，让他们学会用恰当的方式释放性能量和管理自己的性能量，增强自制力，不做违法的事。这既是保护女性，也是对他们自己的保护。因为一旦做出违法的事，他们也将面临牢狱之灾，家庭也会因此面临崩溃。

2. 受性暴力伤害的女性

主要针对的是女性，由于被性侵之后，她们将面临很多压力。如果长时间得不到疏导，她们将心情抑郁，久而久之可能演变为严重的心理障碍。这些人中的绝大多数通过心理咨询可以被疗愈。严格来说，只要是遭遇性侵的女性，都在心理咨询的范围。有些人如果感觉受伤害程度较浅，可以不去咨询；但对于很多女性而言，主动寻求心理咨询师的帮助，对她们修复心灵创伤，进行心理疗愈是非常必要的。

3. 受性伤害的男性

女性利用自己的优势地位，性骚扰或诱奸男性的事件也时有发生。一名优秀的高三男生，高大帅气，也很斯文。他的语文成绩特别好，受到语文老师的特别关注。语文老师经常邀请他去宿舍一起吃饭。一天，这个男生从老师的宿舍跳楼自杀，摔断了腿。原来老师失恋后，开始和这个男生交往，并经常和他发生性关系。后来老师的前男友重新追求她，他们就和好了。老师提出与这个男生分开，男生无法接受，以自杀威胁老师，但老师不予理睬，最终他选择了跳楼，错失了走进高考考场的机会。

此外，也有男孩遭遇男性性侵害的。我咨询过一个在小学四年级被初三男生强奸的男孩，他因父母离异，在小学住校期间遭遇同学校的一名初中生强奸，直到初中毕业他才来我这里咨询。他担心自己是同性恋，而且这个压抑的秘密，让他一直生活在痛苦之中。这些人都是心理咨询的对象。

第六节 做独一无二的自己，活出精彩的人生

为什么那么多女性被性暴力伤害后，会继续遭受社会的歧视，却不敢报案，不敢求助，一直忍受痛苦和折磨呢？根本原因是社会的主流价值观导致她们不敢捍卫自己的正当权益。为什么人们

不能公开、健康、理智地开展性教育，不能将性教育纳入学校正规的教学计划和教学大纲呢？因为社会主流价值观不认可。

社会在逐渐开放，人性也越来越被尊重，但性人权、性平等权、接受性教育的权利却没有得到应有的尊重。社会在进步，文明程度也在提高，但那些早已证明是过时的、不正确的理念却依然大行其道，那些不合时宜的旧有观念依然影响着我们的生活，如贞操观。因此，如果女性能够分辨哪些是社会强加给自己的精神桎梏，那么就可以避免受到它的严重伤害。有很多女性受旧观念的制约和影响，总认为遭遇性侵害是自己的错，自己不是处女，就低人一等，不配嫁给优秀的男人。即使和优秀的男人恋爱、结婚，还是认为自己亏欠对方，对不起对方。这种思想将导致在婚姻生活中，女性无法站在平等的立场提出合理的要求，这也必然会影响女性的价值观和幸福，最终可能伤害自己，也毁了自己的家庭。

因此，正如一些性学家提倡的，处女膜是我自己的，怎么使用也是我的权利，为什么要由男人诊断我的贞操呢？性人权、性平等权决定女人有权使用自己的身体，而不是由丈夫或男友来决定女性是否贞洁。

每个女性都有拥有幸福生活的权利，有追求心中理想生活的权利。请坚信，遭遇性侵不是你的错！那些认为被强奸就是失去了贞操、不配追求优秀男人的观念，都是错误的，甚至是有害的。坚信自己是优秀的，是值得人爱的；相信即使遭遇性侵害，你依然和男性是平等的；即使被强暴，你还是和其他女性一样，什么也没有失去，一样可以拥有幸福的生活。因此，我希望遭遇性侵的女性拥有以下坚定的信念（见图7-6）。

图 7-6 遭遇性侵的女性需要拥有的信念

1. 男人和女人是平等的

一些遭遇性侵的女性，受一些错误思想影响，有很深的贞洁观念。到了恋爱和结婚的年纪，特别是当她们和丈夫是初恋，并成为丈夫第一任妻子的时候，她们会很感谢丈夫，觉得自己不是处女亏欠丈夫，认为丈夫不嫌弃自己，自己应该竭尽全力回报丈夫，补偿丈夫。

小红和同居8年的男友分手了，后来恋爱了几次，都没有成功，最后和现在的丈夫结婚。当小红告诉丈夫自己的经历时，丈夫说，那些男人都不要她，她被他们玩弄了，自己捡了一个他们不要的女人。小红因此很自卑，认为自己不是一个好女人。

后来丈夫告诉她，其实他恋爱了十多次，和那些女人也有性行为。但他还是认为,自己是男人,和多个女人有性行为是他骄傲的资本。因为男人和女人不一样,男人这样说明男人有魅力,而女人这样却说明女人掉价了,低人一等。

小红也认同丈夫的观点,觉得自己是一个失败的女人。在家里,如果丈夫不尊重她,她也忍着。她认为自己低丈夫一等。丈夫因为她不是处女,经常打骂她,但她却没有勇气离婚。她认为如果离婚了,就更加低人一等,肯定没有男人愿意娶她。

现代社会,很多人无法做到一次恋爱就结婚,认可婚前性行为和同居的男女逐渐增多。那些认为男人婚前性行为就是应该的,是值得骄傲的,女性婚前性行为就是可耻的,正是男女不平等的思想在作祟。

我们反对不负责任的性行为,但不能因为恋爱有过性行为或遭遇性侵就认为自己不值得男人爱。只要女性在结婚后,认真对待彼此的感情,做到忠诚、专一,就没必要因过去而自卑,更不能看轻或贬低自己,否则会给以后的生活带来更大的痛苦。

2. 真正的忠贞、忠诚是在婚后

我认为,一个有德行的男人,需要的是女人婚后对感情的忠贞,而不是婚前是否发生性行为。如果你不爱自己的妻子,就不要和她结婚,结了婚就应该善待她。一个爱妻子的好男人,不会那么在意妻子是否是处女,也不会因此打骂妻子,和妻子离婚。要相信,很多好男人会因此更加呵护、善待妻子。而那些不仅要占有你的现在,还要占有你的过去的男人,其实是自私自卑的。如果你不幸遇到了这样的男人,对方就是在意你不是处女,并因此不断折磨你、打骂你,那么这种婚姻是否需要继续维持,我认为女性要慎重考虑。

  浩然是典型的高富帅,在恋爱前就坚定地要找个处女结婚。晓雪的美丽、大方、善良深深吸引了他,他们恋爱了,相处得非常愉快。浩然感谢老天让他遇到这么优秀的女人,但严重的处女情结还是让他做了一个决定。他哄骗晓雪说为了将来能生一个健康的孩子,他们需要做身体检查。他事先找了熟人,目的是检查晓雪是否是处女,结果让他极度失望,晓雪不是处女,事后他才知道晓雪幼年曾经被强奸。浩然无法忍受自己找了一个不完美的女人,不顾晓雪的泪水,坚定地离开了她。

  此后,浩然告诉前来介绍对象的人说,如果和他恋爱,就必须先到医院检查是否是处女。因为浩然的条件很吸引人,还是有很多女人接受了他的这个条件。浩然再次遇到一个心仪的美丽女人梅花。到医院检查并拿到处女的检验报告后,浩然和她结婚了。可是,婚后浩然才发现,梅花是一个水性杨花、贪图享受的女人,经常和其他男人关系暧昧。此后浩然得知,梅花为了嫁给她,做了处女膜修补手术。他很痛苦,认为这是老天对自己的惩罚。浩然很坚决地离了婚。离婚后,浩然经常想到晓雪,回忆他们在一起的日子相处融洽,而且晓雪纯洁、真诚。他得知晓雪和他分手后一直没有再谈恋爱,于是找到晓雪,真诚地向她道歉,并获得了晓雪的原谅，两人终于走进了婚姻的殿堂。婚后，浩然发自内心地爱着晓雪，也后悔自己以前的愚蠢和幼稚。

　　这是一个真实的案例，浩然婚前就一个信念，一定要找一个处女结婚，可最终的结果，却是遭遇了前妻的欺骗，用修补的处女膜收获了他的爱情，又用婚后的出轨结束了他们的婚姻。幸运的是他获得了初恋女友晓雪的宽容，收获了幸福的婚姻。浩然在离婚后，很后悔自己因狭隘而对晓雪造成了再次伤害。所以，他经常告诫其他男人，真正的忠诚是在婚后，婚前的处女膜并不意味着忠诚。

　　一个心理健康的人是善于把握生命中"度"的人。适度保留自己的隐私，也是对他人的尊重。真诚并不是把一切都暴露给对方，真诚也需要有度。过度的真诚，会让对方不舒服。并不是所有书本上的观点都是正确的，有些书甚至会传播一些错误的观点，因此，每个人要有自己对婚姻忠诚的理解，不要用错误的观点指导自己的生活。

　　是否需要把过去所有的事情都告诉丈夫呢？我认为因人而异。尤其是一些属于自己隐私的事，告诉太多，可能会伤害到彼此的感情。毕竟很多事情，说得太明白了，对双方都是一种伤害。有些女人认为，我对你忠诚、坦白，把所有不好的过往都告诉你，怎么处理就是你的事，反正我是真诚、坦率的。原本两人感情挺好，但丈夫知道太多后，特别是婚前女性被强奸等隐私，如鲠在喉，会觉得很不舒服。那么也许适度保守自己的隐私可能更好。

第七章
走出自设的牢笼，迈进幸福和快乐的新天地

丽丽是一名舞女，在歌厅里认识了阳光帅气的小伙子吴天。她看到22岁的吴天一脸稚气，叫他以后不要来这种场合。吴天虽没谈过恋爱，但自认为和一帮哥们在一起也是见过世面的人，见丽丽这样规劝自己，认为丽丽太小看他，也因此对比自己小4岁的丽丽多了一份好感。之后，两个年轻人成了无话不谈的朋友。吴天知道了丽丽的身世，原来她的生母过世后，父亲娶了年轻貌美的继母，又生了一个弟弟。继母经常无端地打骂丽丽，而父亲却听之任之。原本家境殷实的丽丽，因为无法承受继母的折磨，15岁时离家出走，此后就再也没有进学校读书。听了丽丽的往事，吴天对丽丽多了一份保护，他们恋爱了。

他们一起外出打工，彼此相爱的两人同居了。也许是太渴望倾诉，丽丽把她15岁离家出走后的所有经历都告诉了吴天。她曾被一个成年男人强奸，此后，又被一个有家室的男人欺骗等等。原本单纯的吴天听了后很伤心，仿佛看到的每一个男人都和丽丽发生过性关系，这令他非常痛苦和纠结，恨丽丽和那么多男人有性行为。虽然他很爱丽丽，却经常打骂、折磨丽丽，事后后悔又道歉。可无论受到怎样的折磨，丽丽就是不离开吴天。吴天知道，如果这样继续下去，丽丽可能会死在他的手里。所以，他去了南方另一个城市，永远地离开了丽丽。

但此后整整6年，吴天没有再谈恋爱，他每晚都在噩梦中惊醒，醒后总是哭泣不止。于是，他走进了心理咨询室。吴天说，如果丽丽不把她的过去都告诉他，也许他们会结婚生子，因为他

们彼此相爱，但当他知道丽丽的过去后，每当两人睡在一起时，他就控制不住去想象丽丽是如何被其他男人侵犯的，从而对丽丽产生了深深的恨意，想要报复她、伤害她。

人的一生，都可能犯错，要给自己和对方一个机会。当面对感情时，不要因过去的伤害或错误折磨自己，不要为打翻的牛奶而耿耿于怀，不要用你过去的经历一直惩罚自己，甚至影响一生。男女双方，只要彼此在一起后能对对方负责，互相忠诚，彼此就是平等的，就是忠贞、忠诚的，而对于两人恋爱前发生的往事，都属于各自的隐私，有权适度保守秘密。

3. 找到自己的心灵成长之路

每个人都有适合自己的心灵成长之路，这是属于自己的、不可替代的，只有自己可以体会和领悟。有时候，让别人理解自己是很难的，那不妨就在心理放下自己的纠结和伤痛，别让他人理解自己，反而更加从容和心安。

在最初做咨询师的时候，我经常搅和进求助者的情感中不能自拔。后来才知道，这是心理学中反移情的作用。因为在妇联和青少年宫从事心理咨询的志愿者服务时，我经常接触到被强奸的求助者，特别是14岁以下的女生，她们让我特别关注和担忧。

当我觉察到自己的反移情之后，我开始改变，我会慢慢平静下来，与求助者探讨她的问题。在咨询过程中，我学会了探索自己的内心世界，学会了辨别并注意反移情的作用，从而调整自己潜意识中的情感需要，做到不对求助者的咨询产生不良影响。

我为什么成为心理咨询师？有一本书中写道："做一名咨询师并不是偶尔的选择，帮助别人的动机来自我们管理别人并且治疗自己的综合需要。"记得刚从事心理咨询的时候，很多人对心理咨询师有偏见，认为心理咨询师都是有心理问题的人。我不反对这种观念，的确是久病成医。真有一些心理咨询师，他们遇到了这样或那样的心理问题和困惑，最后他们治愈自己后，用自己的经历和感悟，去帮助有同样经历或痛苦的人，我认为这未尝不是一件好事。

于是，我将广告词"我们都是有故事的人"改成了"我们都是患病的人"。我们都在寻求自我疗愈和自我成长的方法，探索原生家庭对自己的影响，促进对自我的了解和觉察，在这个过程中也促进了自我成长。心理咨询师在帮助别人的过程中，最终帮助和成就了自己，这也许就是心理咨询师最大的收获。

4. 坚强乐观，活出生命的意义

当树木被破坏后，会自我修复形成一个硬块，也就是树木结疤的地方。虽然比其他的地方难看，但这是这棵树最坚硬、最有力的地方。它们支撑着整棵树继续成长，往高空发展。有些伤痛就如手术后留下的伤疤或树受伤后结疤一样，虽然无法恢复到从前模样，但坚硬无比。所以我坚信，每个人在经历挫折后，只要努力，都可以变得更加坚强和有力量。

我曾经买过一个卫生间用的不锈钢卷纸筒，一直以来都认为买错了，因为拉卷纸的时候要用很大的力。直到一年后的一天，我无意中把卷纸换了一方向，结果拉起来轻松省力，这才发现原来自己把卷纸的方向搞错了，而不是卷纸筒的设计出了问题。人生也是如此，如果换一个方向，换一个角度看问题，你也许会把痛苦当成是成就自己的一笔财富。

困难和不幸最终造就了不一样的我们，经过努力，我们才会拥有丰富的人生。我用自己的人生经历，鼓舞遇到同样不幸的女人，让她们也能够活出精彩的人生！这也许就是我们遭遇强奸、家暴、婚姻不幸的全部价值与意义所在。

我们要相信，上帝所给你的，不会超过你所能承受的。但愿，不管幼年、青少年还是成年之后，遭遇强奸的女性，都能秉持着生命的恩赐，找到属于自己的心灵成长和疗愈之路，努力活出自己生命的意义！